インドの宗教とキリスト教

ルードルフ・オットー
立川武蔵・立川希代子 訳

講談社学術文庫

訳者はしがき

本書はルードルフ・オットー Rudolf Otto（一八六九―一九三七年）の『インドの恩寵の宗教とキリスト教』(*Die Gnadenreligion Indiens und das Christentum*, Leopold Klotz Verlag, Gotha, 1930) の和訳である。もろもろの事情により本訳書の題名を『インドの宗教とキリスト教』としたことをはじめにおことわりしておきたい。オットー自身の序にもあるように、本書の内容は一九二四年カッセルの教区総会で行なった講演を発展させたものであり、ヒンドゥー教の一派ヴィシュヌ教とキリスト教――特にルター派の信仰――との比較を通じて、宗教の本質――救済――を解明することを目指している。

今日、われわれは相互に充分な接触のなかった二つの伝統文化の中に驚くほど類似した思考、シンボリズム、あるいは儀礼が見出されることを知っている。キリスト教におけると同様のパターンあるいは構造を有する宗教が他の伝統の中に存する、つまり、オットーの言う「キリスト教のライバル」が存する可能性は充分ある。

このことは、オットーが活躍した時代から半世紀を経た今では常識となっていなければならないのであるが、実はそうではない。なるほど民俗学、民族学、比較宗教学の発展によって、諸地域の諸宗教の思考やシンボリズムの解明は格段に進んだ。しかしながら、いわゆる神学の領域においては諸宗教――諸神学――間の対話はオットーの時代からそれほど進んでいない。オットーは諸宗教間の神話や儀礼の類似性から引き出されるシンボリズムのパターン化等に関心をよせる一方で、神学が扱ってきた領域に主として関わってきた。彼の学的態度は、本書中でも彼がくりかえし主張しているごとく、すぐれて神学的である。そしてオットーの関心は神学の比較そのものにではなく、究極的には彼自身の神学の形成にあった。精緻な神学を有するいわゆる「世界宗教」における教義、シンボリズム、儀礼等を分析する場合、対象自体がすでに高度に体系化され、方法論的な自覚も有しているゆえに、二つの「神学」を比較する基準を見出す作業は困難なものとなる。さらに分析者は通常、どちらかの宗教に属しているので、しばしば自らの属している宗教を弁護してしまうことになる。そもそも「神学」とは自らの主体的立場の表明に他ならない。したがって、二つの「神学」の比較をどちらかに属している者が行なうというのは自己矛盾である。二つの「神学」の比較を第三の「神学」に属する者が行なうということは理論上はあり得るが、神学者にとって切実に問題となるのは、自らの立場そのものを他のものに照らして吟味することであろう。それがオットーの採った態度であった。

キリスト者でありつつ、つまり一つの神学に自分の立場を置きながら、他の神学にも心を開き、なおかつ、神学を有しない「宗教体験にしかないまったく固有なもの、そのもっとも原始的なかたちの体験にも見出されるその固有なもの」(『聖なるもの』久松英二訳、岩波文庫、二〇一〇年、一六頁)にも視野を開いていた点にオットーの独自性がある。決して長くはない研究生活の中で、オットーの研究態度には幾度かのゆれがあった。しかし、彼が終生、一貫して求めたものは、「聖なるもの」の普遍的な弁証であった。先人の業績を踏まえながら彼が育てた学的操作概念「聖なるもの」は、彼の没後、半世紀以上が過ぎる中でミルチャ・エリアーデ(一九〇七―八六年)やロジェ・カイヨワ(一九一三―七八年)たちによって一層重要な概念へと作りあげられてきた。しかし、諸宗教間の対話と同様、「神学」と呼ぶべき領域と、いわゆる「自然宗教」および民族宗教の領域とを統一的に理解しようとする試みもまだほんのわずかな結果を生んだにすぎない。オットーは依然としてこれらの分野における今日的試みにとってまずわれわれが学ばねばならぬ先人である。

目次

インドの宗教とキリスト教

訳者はしがき……3
序……13
第一章　キリスト教のライバル……17
——インドの恩寵（恵み）の宗教——
第二章　神をめぐる戦い……35
——シャンカラとラーマーヌジャ——
第三章　救済の問題……63
——いかにして達成されるか——
第四章　インドの恩寵の宗教とキリスト教……87
——異なる精神、異なる救い主——

結び……157
補説 159
一 隠れたる神と献信者の神……160
二 贖いと贖罪……177
三 本源的堕落の理念……183
四 同一性神秘主義の同一体験……186
五 神は個人的存在ではない……199
六 すべては恩寵から……202
訳者あとがき……207
学術文庫版あとがき……223
主要人名・神名・書名索引……241

凡例

・本書は Rudolf Otto, *Die Gnadenreligion Indiens und das Christentum: Vergleich und Unterscheidung*, Leopold Klotz Verlag, Gotha, 1930 の全訳である。
・訳者による補足・註記を〔 〕で挿入した。
・原註は（1）、（2）の形で、訳註は＊1、＊2の形で個所を指示した。いずれも章ごとの通し番号とし、註本文は各章末においた。

インドの宗教とキリスト教

序

この書の内容は、わたしが一九二四年、カッセルの教区総会で講演し、一九二六年にそれを敷衍した形でウプサラ大学とオスロ大学で講演したものに基づいている。ウプサラ大学での講演は『インドの恩寵の宗教とキリスト教』という題でB・フォレルによりスウェーデン語に訳され、スウェーデンで出版された。またデンマーク語にも訳されたし、インドの諸団体の要請によって英語にも翻訳された。その後のインドへの研修旅行、とりわけマイソールでの滞在中に「献信《バクティ》の宗教[*1]」の代表者たちと知りあえたことは、この宗教への理解を深めるよい機会となった。このようなわけでわたしの以前の諸講演が、本書ではさらに敷衍した形で、同時に二、三の補説を追加してここに出版されることになったのである。

敬意をこめた感謝をマイソール侯に献げたい。侯はラーマーヌジャ（一〇一七—一一三七年）の信者であるが、同時にわたし自身の宗教をも含めてあらゆる宗教団体の寛大な保護者であり、後援者であった。侯の国では、キリスト教は市民権を持ち、自由に信仰し布教することが許されていた。マイソール侯はすばらしい彼の侯国において学術と文化、経済的、精神的進歩を奨励してやまなかった。侯の好意によって、わたしはかなりの期間、美しい首都マイソールで障害のない最良の条件のもとで研究を続けることができたし、寺院や図書館や学校などを訪れることも、学者や、さまざまな宗教団体の指導者たちと知りあうこともできた。彼らとの交際、交流は今日に至るまで続いている。彼らのうちでも特に、マイソール大学の元管財官、スブラマニヤ・アイアー氏に感謝の念を表したい。この人からわたしは、書物についても教えられたが、それ以上に彼の師シャンカラの教義の精神について教えられた。また、倦むことなく援助を与え続けられたマイソールの考古学博物館長シャマ・シャーストリ博士、マイソールのラーマーヌジャ教団の現在の長でありパラカーラ・マタ僧院長でもある尊敬すべきパラカーラ・スヴァーミン師、および長年、自派の典籍と教義とを不断に出版し続けてこられたアルコーンダヴィリィ・ゴーヴィンダ師に感謝の意を表したい。二人の師《グル》、マイソールのパラカーラ・スヴァーミンとシュリンゲーリのジャガッド・グルには、彼らがわたしにくださった贈り物に対して特別の感謝を献げたい。二人の師は、彼らの宗派の聖殿にある神像を模写した銀像や御自身の肖像をわれわれのマールブルク宗教学資料館のために寄贈してくださった。これらの贈り物は今後、この研究所の最大の誇りのひとつとなるだろう。

ドイツ学術助成団体およびその尊敬すべき会長、国務大臣閣下、シュミット＝オット神学博士の御助力に対し、厚くお礼申し上げたい。この援助のおかげで、わたしは書物や典籍や書き物机からは決して与えられぬ観念、精神生活をまのあたりに見ることからのみ生まれる観念をわがものとすることができたのである。

一九三〇年一月　マールブルク

ルードルフ・オットー

訳註

＊1　ここでオットーが「献信の宗教（bhakti-religion）」と呼ぶのは主としてヒンドゥー教の中のヴィシュヌ教（派）を指している。本書では bhakti を「献信」と訳したが、この語は「帰依」と訳されることもある。このサンスクリットは「分有する、参与する」などを意味する動詞√bhaj に由来する名詞であるが、宗教的には神への信仰へとおのれを捧げることをいう。この信仰形態が成立するためには信仰の対象としてペルソナ（人格）を有する神がいなくてはならない。宇宙の根本原理と考えられたブラフマン（梵）へとおのれを合一させるというような考え方は、仏教誕生以前のウパニシャッド群にすでにあったが、これは「バクティ」とは呼ばれない。ブラフマンは中性的原理であって人格神ではないからだ。インド宗教の歴史において「献信の宗教」が現われるのは『バガヴァッド・ギーター』（『ギーター』と略称）においてなのである。これは叙事詩『マハーバーラタ』の挿話であるが、紀元前から編纂が始められ現在の形になったのは二世紀と推定されている。『ギーター』はヴェーダ以来の祭式の伝統とウパニシャッド哲学の二つの重要性を調和させた上で、ヴィシュヌ神に対する献信（帰依）がさらに重要であると説いている。バクティの伝統は今日に至るまでヒンドゥー教において重要な信仰形態となっている。一方、『ギーター』が成立した時期は、大乗仏教が台頭していた時代でもあった。この時期に、仏教においても信仰形態（崇拝形態）の大きな変化が見られた。戒律を守って修行を積むことによって仏教の最終目的である悟りを得

るという方法に加えて、「人格神」にたいする帰依によって精神的救いを得る方法が認められるようになったのだ。阿弥陀仏への帰依の信仰である。この人格神への献信の源泉がどこにあるのかはまだ明らかにされてはいない。

第一章　キリスト教のライバル
――インドの恩寵（恵み）の宗教――

わがキリスト教に「ライバル」はあるだろうか。この問いをごく一般的に理解して、「ライバル」とは、キリスト教の傍らにあってわれわれの心のある部分を占めようとするもの、あるいはキリスト教の全く外側からわれわれの人生を遍く支配しようとするものすべてである、と理解するならば、残念ながら「ライバル」はあまりにも多い。「世界」が、そこでの世俗的関心事がライバルとなって「われわれの魂を求めて」争うことがある。ここでいう「世界」とは、単に、われわれの内にある情欲や動物的なものや精神より下位に存する何かといった倫理的に低い次元での低価値な意味における「世界」のみではなく、広く価値が認められている偉大な「世界」、精神の関心領域としての「世界」、美的価値、文化的価値、さらに格別倫理的な価値をもつ多様な分野としての「世界」をも含んでいる。そうした「世界」が、われわれの信仰の場を狭め、信仰への関心から活力を奪い、われわれの心の全空間と言わぬまでもその主座を占めてそこでの主導権を主張しようと、われわれに迫ることがある。

しかし、ここでの問いは、そのようにごく一般的な意味において提出されているのではない。もっと狭い、特殊な意味においてである。

われわれはキリスト教を「宗教《レリギオーン》」と呼んでいる。そればかりか、それを「或るひとつの」宗教と呼んでいる。このことは、キリスト教が、他の特定の偉大な精神現象、様相がいかに異なっているにせよやはり「宗教」としてわれわれが認めているところの精神現象と比較され、区別されることをわれわれが容認しているということを示している。われわれがここで問うているのは、そのような精神現象に関してなのである。つまり、地球上の諸「宗教」のうちにキリスト教のライバルは存在するのかということである。しかも、単にキリスト教と同価値であるとか、キリスト教よりずっと優れていると主張するだけでなく、そのように遇さるべき本質的な権利をすでに有しているライバルがあるのか、と問うているのである。

ある宗教がキリスト教の正当なライバルであるかどうかを見きわめるためには、その宗教が外的な価値領域において価値として供するもの、たとえば深遠な思弁とか、世界の連関性などについての精緻な解釈とかを検討するのではなく、本来の宗教的領域そのものを、まず第一に、そして徹底的に検討しなければならない。

従ってここでは、キリスト教がその最奥の、最も本来的なものとして人々に勧めようとしているもの、キリスト教本来の中心理念、キリスト教が人類にもたらしたと信じられている、かのキリスト教本来の窮極にして最高の善、つまり宗教的な人のみが知り、理解し、求めているあの非凡な善（財《グート》）に関して検討されねばならない。その非凡な善とは、ソーテーリア（sōtēria）とかサルース（salūs）、つまり、解放としての救済（Erlösung）とか、癒しとしての救済（Heil）である。

ところで、キリスト者にとって極めて意外なことは、この最高にして窮極的なるものが問われ、答えられたのは、パレスティナの地においてばかりではなくて、見たところ全く同じ概念が、インドの宗教や神学的思弁において同じ役割を果たしている、と思われることだ。モークシャ（moksha 解放）、ムクティ（mukti 解脱）、ラクシャナー（rakshaṇā 守護）、シュレーヤス（śreyas 至福）、ニヒシュレーヤサ（niḥśreyasa 最高の至福）、ムクタ（mukta 解脱者）など、インドの「救済論」のこれらの荘重にして最も高貴な名称と概念は、実際、「解放（Erlösung）」、「救出（Rettung）」、「癒し（Heil）」、「最高の救済（höchstes Heil）」、そして「救済者（Erlöser）」などの語以外で翻訳することはほとんど不可能である。

インドの思弁もまた、思弁そのものとか世界解釈のための形而上学的思弁ではない。それは、ある種の超世俗的な、非凡な「善」への「道」、つまり「救済への道すじ（ordo salutis）《オールドー・サルーティス》」を示すための「救済論」である。この「善（財）」は、「幸福」をもたらすものではなく、むしろ、単なる幸福などとは全く別のものだ。それは、世俗的価値や文化的価値で測られるべきものではなく、まして「道徳的」価値によって測られるべきものではない純粋に宗教的な価値である。インドでは人は常に自然のままの世俗的存在であることによって不可避的に堕落という果てしない不幸へ組み込まれている、と考えられているが、そのように不幸に「拘束」されていることから「救済」されたいという要求が、インドでもまた人をつき動かす関心なのである。かの地の人々は、世俗的ないし地上的なものや人間の理性ないし力の中には見出されることなく、それらとは比較もできない、「全く別な」、永遠の、失われることのない善へと至る救済の道に関心を抱いている。この関心は、古代ウパニシャッド教義の天啓聖典（śruti）の言葉やその意味するところによって呼び醒まされて以来、人々を動かし続けている。そんなわけでインドにおいても、教義の体系は、元来「哲学」ではなく「信仰論」であり、興味深い「形而上学」ではなく、神学なのである。

もし人が、宗教とは何か、を知ろうとするならば、宗教のもつ聡明な、あるいは深遠な思弁を考慮するだけでは充分ではないし、またあれこれの意味における「絶対者」の規定などを考慮するのでも足りない。そうではなくて、宗教に特有であって、したがって「自然のままの」人間には必然的に全く幻想的に思える要求、全く「非理性的な」、非凡な善、まさに「救済」に他ならぬこの善への要求を考慮しなければならない。宗教における要求がそのようなものであることは、単に「宗教史」を研究する場合にも認識しておかなければならない。でないと、対象を全く把えそこなってしまう。宗教史はこの要求をひとつの「空想の産物」と規定し、この要求の理念を「民族心理学」が次第に発展させてつくり上げた「生産物」と説明するかもしれない。あるいは宗教史は宗教におけるこの要求に何か別の「説明」を探し出すかもしれない。しかし、先に簡単に示したような特徴をもつ「救済」を探求し、それを見出すことが、西洋におけると同様、東洋においても、高等宗教の内的本質をなしているという事実は、宗教史も承認せざるを得ないであろう（宗教史が、単なる「宗教史」の限界を越えて「救済の達成」の可能性とか現実性とかに関して発言しようとする場合、それを乱暴にやってのけるのでなければ、肯定するにしろ、否定するにしろ自らは手段を持たない、と付け加えざるを得ない）。

東洋と西洋の神学者やスコラ哲学者の偉大な思弁にあっては、問題設定や答えや方法が驚くほどよく似ている。しかし、この事実だけから東西の思弁が比較可能になるわけではない。二つの思弁が、二つながら「救済論」たらんとしていること、「救済」のためにこそ「絶対者」を問い、世界や我（Seele）や神を問うていること、そしてそのためにしばしば際立って似た方法、手段を用いており、驚くほど似た教義を作ってきたこと、そのことによってはじめて二つの思弁は、本気で比較するに足るものとなる。

このように考えてくると、ライバルが立ちはだかっているのが見えてくる。そのような「ライバルたち」を考慮の対象とし、それらと自己とを比較し対決すること、それは西洋のわれわれにとって、もはや単なるドクター論文の課題ではない。この問題はまた、「異教」と戦うため外へ出かけようとしている人々にとってのみ興味深く重要なのではない。それは、故郷にとどまるキリスト教徒全体にとっても、焦眉の現代的課題となっている。というのも、東洋の偉大な救済の宗教が実に様々なかたちでわれわれ自身の戸口を叩いているからである。それらの奇妙にも崇高にも感じられる理念や教義や救済の手段が、かの地からわれわれの所へもとっくに押し寄せており、それらの救済の宗教に耳を傾ける者が、われわれの間にもすでに存在している。すでに少し前から、東洋の宗教教団は、彼らの「東洋からの光」による救済を必要としていると思われる人々をここ西洋において探し、見出し、「救い」、指導するため、当地での伝道を始めようと準備している。これらの教団は実際、言葉の非常に厳密な意味においてわれわれの「ライバルたち」になり始めている。

われわれがそのライバルたちを知り、それらが実際にライバルたりうるのかどうかを検討することは得策であろう。ここで「ライバルたりうる」というのは、「時代への適合性」とか、「開明度」とか、形而上学的洞察力とか、高踏的な思弁とかいった点でライバルたりうるという意味ではなく、救済への「道」を示すことにおいてライバルたりうる、という意味である。それは、それらがキリスト教の実際上のライバルであるばかりでなく正当なライバルであるかどうかを問うことなのだ。

この問題を「キリスト教の絶対性」というよくある先験的《ア・プリオリ》な図式で片づけてはならない。伝道の現場の事情からいっても、キリストとは、ブッダやクリシュナ、あるいは誰か他の東洋の「師《グル》」とは異なる存在であることを示すよう迫られている。しかも、具体的に、よく相手を知った上で示してみせねばならない。

　東洋の宗教諸形態のうち、ライバルという点でとりわけ重要で興味深いのは、最大の信者数をもつ教団でも、思弁の鋭さや深さで思弁好きな人々を魅きつけている教団でもない。あるいはまた、神学や神話の用語の豊富さや象徴的表現の壮大さ、美しさといったもので人々の好奇心を満たし、美的快楽を満足させるような宗教形態でもない。そうではなくて、その内奥の理念からいってキリスト教に近いと思われる宗教形態が、最も重要なものであり興味深いものである。つまり、それはその宗教に特有な救済理念の中味によってキリスト教と競いあっているように思われる宗教形態のことである。そのようなものが存在するであろうか。するとしたらどんなものなのだろうか。

　それに対して次のような答えがわれわれの間から生まれてくることは、かなり確かに予期できる。つまり、インドの宗教は、その真価において無宇宙論的《アコスミスティッシュ》な神秘主義である。そこで追求されている「梵《ブラフマ》－涅槃《ニルヴァーナ》」という「救済《ハイルス》－善《グート》」は、「超現世的」であり、「最高の善(sumum bonum)」として大層魅力的ではあるが、この救済－善はキリスト教のそれとは対立するものであり、「極端に」異なるものなので、――「超現世的善（財）」に向かって努力するという形の上での一致にもかかわらず――両者には本来いかなる相似も存在しない。従って、相応しあう目的地や善をめざして努力するといった意味での本来的ライバルではないのだ、とする答えが予期されるのである。

わたしはここで、インドの偉大なヴェーダーンタ神秘主義のなかの一特殊形態に対するあまりにも安易で上すべりな解釈に対抗しようというのではない。自著『西洋と東洋の神秘主義[1]』において、わたしはすでにその仕事を終えている。だが、ここで次の点は指摘しておきたい。すなわち、非人格的絶対者を主張するこの「一元論的」神秘主義に反対する最も熱い戦いが、他ならぬインドの地で行なわれたこと、そして、わたしがインドの「恩寵（恵み）の宗教（Gnadenreligion）」と呼ぶところのものが、インドの大地で、その地本来の源泉や動因から生じてきたことである。この宗教こそわれわれの信仰様式にとって「一元論的」神秘主義よりはるかに激烈なライバルとなろうとわたしは注目しているのである。

キリスト教の「救済－善」とは何か。それは、人格を有する生きた神とともにあること、である。その「救済手段」は何か。それは、堕落せるものを救済しつつわが手に抱きとる「恩寵（恵み）（gratia）」、「唯一の恩寵（gratia sola）」である。「人格神とともにあること」や「救済する恩寵」は、しかし、われわれがこれから語ろうとしている「献信《バクティ》の宗教（bhakti-religion）」の救済－善、救済手段にとっても、決まり文句であり、スローガンなのである。この宗教のあり方を考えるとき、インドの大地には、奇異の念を抱かせるほど相似した「ライバル」が育ったのだと思わざるを得ない。それは、キリスト教とその本来の中枢であるところのもの、すなわち救済の専有性を争うかに思えるひとつの正当なライバルなのだ。この場合の救済とは、まず第一に、高度な思弁から生ずる「賢者」のためのものではなく、すべての人のため、まさに「精神の単純な」人々のためのものである。第二にそれは、神秘的な飛翔や、存在するすべてのものの非人格的根源に人が沈潜することによってもたらされるのではなく、献信《バクティ》によって、つまり主の恩寵を単純に信頼して受け入れ主を愛するという形での帰依によってもたらされる救済である。第三にそれは、「行為（わざ）」の労苦によって生ずるのではなく、「唯一なる主」の救出力がもたらす自由な恩寵の贈り物としての救済である。

キリスト以前の成立であり、何百万人ものヒンドゥー教徒が最も愛し敬っている聖典『バガヴァッド・ギーター』の深遠な詩句から始まり、われわれの場合と同じく暗黒と改革の時代を経て、この恩寵の教義は興隆してきた。そしてついにこの教義は、われわれの基礎概念――「ただ恩寵のみによって（gratia sola）」、「ただ信仰のみを通じて（per fidem solam）」、「あらゆる自力、自己の功績、おのれのしわざなしに（sine omnibus propriis viribus, meritis aut operibus）」――との類似によってとりわけわれわれプロテスタントを仰天させるにちがいないような術語を獲得した。この教義はまた、われわれの場合と同じように、「憤激」を呼びおこしインドの人々に苛酷に遇されてきた。

献信の宗教と、それが設定した「恩寵の教義」の特殊な問題性は、東洋では、ヒンドゥー教徒の心を捕えたばかりでなく、仏教の特定の宗派の教義や教団の形成にも影響を及ぼした。このことに関する最初の報告が西洋にもたらされたのは、カトリックの偉大な宣教師ザビエルとその忠実な部下たちが日本に行き、日本の仏教徒たちの間で「ルター的異端」の人々に出会った、と故郷に書き送ってきた時のことである。彼らはきっと、日本で最も普及している民衆の仏教形態として、無量光・無量寿仏の教義に出会ったのであろう。それは、測りがたい輝きと終りない生命を持つ、永遠に超越的な仏の教義、衆生を救おうとする仏の「誓願」の教義である。この教義は、インドと中国で長く準備期間を過ごした後、日本で法然上人と親鸞上人という二人の師によって画期的に広められた。今日ではこの教義は、信徒の数からいって日本仏教の最強の宗派となっている。

この宗派に属するあるひとりの日本人僧侶は、わたしのもとでキリスト教の教義を学んでいる人であったが、ある日、きれいな挿絵のある古い中国の書物を持ってきてくれた。それらの挿絵は、現世を不幸と堕落のあり場所として描いていた。奈落の底の地獄に落ちた人々の苦悩が、身の毛のよだつばかりに表現されていた。絵のうちの一枚は、理解しがたい奇怪な光景を示していた。厳寒の厚く固く氷結した大河。その氷上を、燃える炭火の入っている大桶をひきずりながら人々が歩いている。この人たちは氷を溶かそうと、桶の炭火を次々と氷の上へ投げるのであるが、どんなに炭火を撒き散らしても、河の面はすぐさま新しく氷結してしまって、その下を流れる水に彼らは決して触れることはできない。書物を見せながら僧はこの絵を説明してくれた。「これは、自分の行為（わざ）によって——自力で——救済の水への通路をつくろうとする人々なのです。ですが、自力とか自分の行為によって救済へ至ることはできません。永遠の生命を持つ仏（無量寿仏）の救済する恩寵のみが氷を溶かすのです。信じ切って仏の御名を呼ぶ人のみがそこに到達できるのです」。

この書物は、若い親鸞上人が読んだ書物であり、この書物こそが親鸞に、「自力」によってではなく、仏の「他力」によって救いへの道を探そうとする最初の動機を与えたのであった。この宗派に属する若い日本人と日本を旅する機会があったが、[*1] わたしがその男に、ドイツ語をそのように上手に話すのはなぜなのか、どうしてドイツ語を研究分野として選んだのか、と尋ねると、彼は次のように説明してくれた。「われわれの先生が、ドイツにもひとりの親鸞が、自己の行為（わざ）なしに恩寵のみから生まれる救いを告げ知らせた「マルティン・ルター」という名の親鸞がいたことを教えてくれました。それでわたしは、西洋の親鸞を彼の言葉で知ることができるように、とドイツ語を学ぶことにしたのです」。

仏教における「献信」による救済のこのような教義は、しかし、ときおり誤解されるように、キリスト教的西洋から由来するものではない。この教義は疑いもなくインドの献信の運動――その最初の重要な証左は前述したように既に『バガヴァッド・ギーター』に見られるのであるが――から影響を受けている。同時に、インドにおける献信の運動が仏教におけるそれよりもはるかにわれわれの信仰理念に近いということもはっきりしている。というのも、なるほど「真宗」の教義は人格神的表象や解釈に近いが、人格神的解釈に到達することはなく、その最終的結果の手前でどこか脇道にそれざるを得ない。さもないと、仏教の枠を越えてしまうからだ。

つまり、仏教は本来的に「人格神論」ではあり得ないし、「イーシュヴァラ（Īśvara）」、すなわち、人格を持ち、世界を支配し創造する神を承認することはできない。それどころか、阿弥陀とその浄土への歩みの果ての救いというゴールすらも、厳格には最終的な本来のゴールとは認められていない。それは常に「涅槃（nirvāṇa）」、つまり、あらゆる人格の消滅へと至る過程の、終りから二番目の通過点としてしか認められていない。涅槃への過程とは、「諸人格」の間でのみ可能な、信仰と愛というかたちの人間関係の消滅へと至る過程でもある。

インドの幾つかの教団の献信の宗教においては様相は全く異なる。仏教において影のような阿弥陀の姿がシンボルと現実の間を揺れながら存するのとは、様子が異なっている。献信の宗教では「イーシュヴァラ」は断固として生きており、存在感にあふれている。彼は「主」であり、唯一で永遠な神である。彼は、信者にとって、人格を有し救済の力を持つ神である。信者を非人格的な「涅槃」、神とその教団とを越えた高みに超越している「涅槃」へと導くのではなく、教団とともに、「奇跡中の奇跡（mahā-adbhuta）」として真実で永遠であり続ける。この献信の宗教においては、明らかに、実在的な救済神が想定され、信じられ、追求され、疑いもなく体験されてきたのである。この故にこそこの宗教はわたしにとって非常に疎遠なものでありながら最も真剣に考慮すべき「ライバル」であったし、今日もなおそうである。

献信の運動は、インドで時代とともにどんどん影響力を増し、いつのまにかほとんどすべての宗派の宗教理念に浸透してそれらを色づけてしまった。厳格な不二一元論（advaita）と神秘的一体観（ekatā-darśana）の師であるシャンカラさえ、それを段階的救済（kramamukti）の準備の段階として承認している。シャーンディルヤの献信の経典[*2]はこうした浸透のひとつの証左である。シャンカラの徒のひとりがわたしに語った。「あなた方キリスト教徒は、われわれの間の献信者と同じです。あなた方の神に対する関係は、父と子の関係であり、そうしたものをわれわれも是認しています。けれども、さらにその上に真の最終的完成として、神との全き一致と合同（ekatā-bhāva）という関係があるのです」。

聖地ナーシィクでは、ひとりの正統派のバラモン僧が、まさにこのような不二一元論と献信の運動との広く普及していた混淆を含んでいるポピュラーな本、『アディアートマ・ラーマーヤナ』をわたしに贈ってくれた。このバラモン僧は、彼自身シャンカラの徒であるにもかかわらず、家族といっしょにラーマ寺院を熱心に訪問していた。ラーマ Rāma とは、最高神イーシュヴァラの化身である。だから彼は、日常的感覚ではひとりの「献信者」であり、献信の道を進むひとりの男であるわけだ。しかし、こうした混淆以上に重要なことは、インドの信心ぶかい人々の大きな集団が、火のような熱意で献信の道を唯一無二のものとして承認する一方で、シャンカラの道を異端として、魂を殺す邪説として斥けていることである。

そんなわけで、ラーマーヌジャ派のひとりのりっぱな師はわたしに言ったものだ。「わたしは、シャンカラ派の教義を認めるくらいなら、むしろキリスト者になります。あの学派の者たちよりは、わたしはあなた方との方により多く共通性を認めるのです」。

この純粋な献信派の最大の神学者がラーマーヌジャであった。この人の主著の一部、彼のシステムの根本のところを述べている章を、わたしは自著『ラーマーヌジャの宗義』[2]において訳出したことがある。この部分は、究極的実在と人間とが本来同一だとする、人格神を認めないヴェーダーンタ説（不二一元論）を、人格神を認めるヴェーダーンタ説（制限的不二論）へと置き換えることを目指していた。

ラーマーヌジャは一一〇〇年頃の人である。彼はこの宗教の創始者ではない。彼自身創始者であるなどと思ったことは決してなかったであろう。ラーマーヌジャは非常に古い伝統に立脚していた。この派の教義体系もまた、彼以前にすでに、かの明敏なるヤームナ・ムニによって形をとりはじめていた。ラーマーヌジャとヤームナ・ムニとの関係は、トマス・アクィナスとアルベルトゥス・マグヌス[*3]との関係に似ている。ヤームナとラーマーヌジャの時代以来、人格神を認めないヴェーダーンタ説と人格神を認めるヴェーダーンタ説との裂け目は決定的となり、二つの派は、時代とともにますます鋭く対立するようになった。ラーマーヌジャの後継者たちの宗派は、はっきりと枠の中へ囲い込まれ、他派の長たちの「使徒的な地位継承」によって厳しく閉め出されてきた。それは、別の宗教ではないまでも全くの別派であるとされてきた。

ラーマーヌジャの宗派は、インドの他の諸教団と平行関係を保ってはいるが、献信の宗教の研究対象としてみる時、この派は際立った好素材である。この宗派は意識的な排他的態度によって他の諸教団から距離を保っている。この派の人々は、他のヴェーダーンタ派の人々を、「邪宗徒」、ヴェーダの外に在るもの、「仮面をつけた仏教徒」、あるいはイーシュヴァラを蔑む者、と決めつける。この宗派は、特有の師弟関係、特有の礼拝や祭式の方法、特有の教育機関、崇拝の場所、神学、讃歌集を有することによって他からおのれを区別すると同時に、厳しい「純潔な交際ルール」を守ることで、正しい信仰を持たない者に対しておのれを閉ざしている。

この宗派は、その改革者ラーマーヌジャに因《ちな》んで「ラーマーヌジャ派」と呼ばれている。われわれがルターに因んで「ルター派」と呼ぶように。われわれの場合と同様にこの派の内部でもすでに初期から恩寵の教義の問題が生じ、時代とともにますます鋭く提起されてきた。恩寵の教義は、われわれのところでは「フィリップ派」[*4]と「グネジオス・ルター派」[*5]の分裂を引き起こしたが、インドでは、神人共働説派と「厳格な恩寵を説く師たち」との分裂をもたらした。

われわれは、まずこの派の宗教の神をめぐる戦い、その救済の教義、救済に至る過程に関する教義を追求することで、この特異な宗教のことをさらによく知りたいと思う。その後で

この宗教のキリスト教に対する関係を問いたい。(3)

原註

（1） *West-Östliche Mystik*, L. Klotz, Gotha, 1929, 第二版。

（2） *Siddhānta des Rāmānuja*, Verlag von J. C. B. Mohr, Tübingen, 1923, 第二版。

（3） この恩寵の宗教の一連の経典の紹介、およびこの宗教の発展の様相の概観を、わたしは『ヴィシュヌ・ナーラーヤナ』（*Visnu-Nārāyana*, Diederichs, Jena, 1929, 第二版）において行なった。

訳註

＊1　オットーは一九一一年十月から翌年七月までにインド、ビルマ、タイを経て日本に来ている。来日はおそらく一九一二年であろう（cf. Philip C. Almond, *Rudolf Otto, An Introduction to his Philosophical Theology*, University of North Carolina Press, Chapel Hill and London, 1984, pp. 18-19, p. 145）。

＊2　後期ウパニシャッドの一グループであるヨーガ・ウパニシャッドの一つ。Surendranath Dasgupta, *A History of Indian Philosophy*, Motilal Banarsidass, Delhi, 1975 (First Edition, Cambridge University Press, Cambridge, 1922), Vol.1, p. 28.

＊3　アルベルトゥス・マグヌス（一二〇〇頃―一二八〇年）。ギリシアやアラビアの新知識と旧来のキリスト教思想との対立の時代にあって、新知識の価値を充分認識してキリスト教思想に導入し、神学の合理的構成への道を開いた先駆者の一人。ケルンのドミニコ会神学大学での教え子にトマス・アクィナスがいた。『被造物に関する大全』をはじめ多数の著作があり、トマス・アクィナスの哲学と神学の総合思想は、すでに彼の中に根づいていた。

＊4　フィリップ・メランヒトン（一四九七―一五六〇年）に従う人々。はじめルターの協力者であったメランヒトンは、ルターの「恩寵のみ」の立場から次第に離れ、人間の意志の働きを認める神人共働説を主張した。フィリップ派の人々は正統的ルター派（グネジオス・ルター派）の人々と対立した。

＊5　正統的ルター派。「恩寵のみ」のルターの教義を固く守り、フィリップ派をはじめとする各宗派と論争した。

第二章　神をめぐる戦い
――シャンカラとラーマーヌジャ――

インドにおいても、献信の宗教が確固たる教義体系をつくりあげるよりずっと以前に、すでに人々は神を探し、求め、神の意識を有し、神をわがものとすべく戦っていた。単に形而上学的思弁から生まれる神をめぐってではなく、実在の、生きた神をめぐって人々は戦ったのである。そうした「宗教戦争」の過程を、わたしは『ヴィシュヌ・ナーラーヤナ』の中で語り、敬虔な王ユディシュティラとその妻ドラウパディーがその戦いをどのように乗り切ったかを語った。[*1] 彼らの戦いにあっては、われわれが「ヨブ記」に見るような信仰への疑念と抗議が、驚くほどよく似た形でくり返されている。

無法者ドゥルヨーダナによって正当な王位から追われたユディシュティラは、苦難のただ中を惨めにさまよわねばならなかった。そのため、彼の気高い妻は、神を疑い、神に絶望する。彼女は、神の存在とその唯一性、およびその威力については疑わなかったが、敬虔な人々に対する神の正義と真実とを疑ったのだ。ヨブの妻と同様、ドラウパディーは神を呪おうとする。

盲目の恣意の命ずるままに　神はつなぎ　ほどく
子供がおもちゃを弄ぶように　被造物を弄ぶ
悪漢ドゥルヨーダナは勝ちほこり　あなたは塵の中に横たわる
厚顔がはびこるのを見ているだけの神を　わたしは恨む

しかし、ユディシュティラは断固として自分の信仰にとどまり、妻のこのような誹謗を叱責する。

口をつぐみ　神聖な信仰や掟に触れることをやめよ
生あるものの至高なる創造者　主を
誹謗することをやめよ　おお　誠をつくして主のことを知れ
主に　永遠の守り主たる神に　頭をたれよ

ユディシュティラは、「主」のことを知っている。彼の知っている主は、単に恐ろしい「隠れたる神[1]（Deus absconditus）」、「正義」とか「誠実」とかの掟にとらわれない全能者、秘密に満ちた全能の運命決定者ではない。彼の神は、正義を望む神であり、人間が正義に従うよう求める神である。信者たちの避難場所としての神、ヴェーダの言葉を信ずる者が、その信仰のおかげで避難場所とすることのできる神である。

　ユディシュティラの智は、弁神論の謎を解くには充分ではないが、彼は義務を心得ており、自分に対する神の意志の何たるか、を自覚している。その上で神に従おうと望んでおり、忠実に神に従う。

　古代インドの叙事詩『マハーバーラタ』に挿入されたこのすばらしい物語の中で語られているこの神は、ヴィシュヌ〔Viṣṇu〕（遍在者）という名で呼ばれ、その献信者の教団である「ヴィシュヌに属する者《ヴァイシュナヴァ》」すなわちヴィシュヌ教徒たちに尊崇されている。ヒンドゥー教徒のもうひとつの大教団——それは同じく献信者たちの教団であるが——は、シヴァ Śiva（慈悲をたれる者）を尊崇して、ヴィシュヌの献信者たちの教義と似た教義を発展させてきた。しかし、恩寵の教義の特殊な諸問題が、より鋭く、より精密に展開されてきたのは、やはりヴィシュヌの献信者たちにおいてであった。それゆえ、キリスト者たちの恩寵の教義と比較しようとする今、ヴィシュヌの献信者たちの教義をとりあげたいと思う。

　ヴィシュヌ信仰のそもそもの出発点はどのようなものであったか。イスラエルにおけると同様、原始的で素朴な「部族神」が、しだいに勢力を強めて、世界を凌駕する完全唯一の神の位置を獲得し、そのような神としての品位を備えてきた（こうした経過は、インドでもまた、単に「民族心理学」や「進化」によって説明されるべきものではない。このような神の成立は、インドにおいても、「予言者」と呼ばれるにふさわしい、選ばれた、格別の天性を持つ人々の個人的経験が生みだした成果なのだ）。「完璧な神格」とは、インド的表現をすれば、「永遠にして唯一のブラフマンそれ自身」である。それは、唯一にして至高なるもの、この上なく崇高なるものである。だが、それは、人格を有しつつ同時に唯一なる「神＝我」という姿を持つ、イーシュヴァラ、つまり主としての「神」であり、非人格的で規定不能な絶対者一般としての「神」ではない。後者の神が持っているような神の諸理念が、この人格神の中に溶けこんではいるけれども。ヴィシュヌ、ハリ Hari, ケーシャヴァ Keśava, ナーラーヤナ Nārāyaṇa といった他の高位の神々の名がこの「神」に統合されている。「ナーラーヤナ」は「ヴィシュヌ」とともに格別に重視されている名であり、時おりそれは主要な名称となる。この神に因んで『ナーラーヤナ・ウパニシャッド』は名づけられているが、そこには次のように述べられている。

> ナーラーヤナは、永遠の、汚れなき、表現不能な、不易の、術策を知らぬ、純粋唯一の神である。この神にかわる第二の神はない。

ヴィシュヌ（あるいはナーラーヤナ）の信者たちの集団から、およそ紀元前三世紀に『バガヴァッド・ギーター』（『神の歌』）が生まれた。これは、ヴィシュヌの化身たるクリシュナ Krishna が語ったことばとされている。R・ガルベが[*2]『ギーター』の原型を再現させたテキストからは、この宗教の力強さ、印象の強烈さ、美しさそして高尚さが窺われる。『ギーター』に基づくこの宗教は、その後、発展・衰退・革新・改革の時期を経た。そうした経過の中で、ヒンドゥー教の他の分派と混じりあい、また再び分かれたのである。

この宗教の改革は、タミル地方において、タミル語で詠ずるタミル人の歌い手たちによって始められた。神学者や、「諸師《アーチャーリヤ》（ācārya）」と呼ばれる神学の博士たちがそれに続いた。ヤームナ Yāmuna は、この改革における熱狂的な歌い手であり、同時に教養ある博士であった。彼は実際、東洋における「精妙博士（doctor subtilis）」だったと言えよう。ヤームナの神学書『我、神、意識に関する三つの証明』[*3]を基礎として、後にラーマーヌジャ（一〇一七―一一三七年）は自身の教義を築いた。そして彼自身が教団の最重要人物となり、その後ずっと最重要人物であり続けたのである。

ラーマーヌジャは敬虔な家庭で育ち、自らもとりわけ敬虔な人間であった。同時に彼は、明らかに偉大な指導者としての人格を備えていた。彼はまた、彼の時代のあらゆる哲学的、神学的教養によって武装してもいた。ラーマーヌジャの主著『シュリー・バーシュヤ』は、『ヴェーダーンタ・スートラ』への註釈であり、同じく『ヴェーダーンタ・スートラ』の註釈であるシャンカラの大作に対する論争の書として著わされた。また、ラーマーヌジャのこの書は、彼の教団以外の諸教団の学習内容にも深い影響を及ぼした。ラーマーヌジャは、その生涯が非常に偉大であったために、宗教史一般においても最も印象深い人物のひとりである。まさしく、彼の生涯の偉大さは途方もないものだった。ラーマーヌジャの生涯は、実際、神をめぐっての戦いそのものであった。

神をめぐる戦い。哲学的思弁が望んだり必要としたりする神ではなく、心や感情が望み、必要とする実在の、生きた神を求める戦いをラーマーヌジャは戦ったのだ。彼が求めた神は、個人的な信頼の対象であり、愛の、尊崇の、献身の対象となる神であった。

シャンカラの宗派は、「やむを得ない」故に黙認するというかたちで、ラーマーヌジャの言うような神の存在を認める。素朴な人間、信心深い大衆にとってはそのような神が存在しうること、大衆はそのような神を尊崇したがること、そのことには、シャンカラ派も異をとなえようとはしなかった。だが、その場合、神は、まさに「低次の知識」しかもたぬ下層の者にとっての神である。「われわれ、哲学を解する者は、その段階を越えている」と、この派のひとりの男がわたしに言ったものだ。ラーマーヌジャの時代にもシャンカラ派の「哲学者たち」はそう言い、そう考えていただろう。「低次の知識」しかもたぬ献信者たちは、彼らの神イーシュヴァラに対してどのような名を選んでもよかろう。ヴィシュヌ、ハリ、ヴァースデーヴァ Vāsudeva, シヴァ、ハラ Hara, 女神ドゥルガー Durgā, 象の顔をした神ガネーシャ Gaṇeśa, あるいは他の名前でもよい。それらの名は大衆にとっては有益なものであろう。しかしそれらはやはり、「無明《アヴィドヤー》 (avidyā)」から生まれたものであり、「幻影《マーヤー》 (māyā)」や

シャンカラ

シャンカラはインドの偉大な思想家であり、純粋不二一元論《ケーヴァラ・アドヴァイタ》、つまり、インドの厳格な単一神論的神秘主義の師である。今日に至るまでのあらゆる「スマールタ・ブラフマン」(スムリティ聖典に従う僧侶たち)の広く認められた代表者であり、マイソール州のシュリンゲーリの教主であるジャガッド・グルはその後継者である。

シャンカラは若くして死んだ。シャンカラ像の造形的特徴——教えを垂れつつ坐っている若い男という——は伝統の中で固持されてきている。これはマイソールで活躍しているシッダ・リンガッパが、私の要請で制作してくれた木像を写したものである。この制作者は、瞑想の中で、心眼によってシャンカラの形姿が見えてこない限り像を作らない、と約束した。シャンカラはシヴァ崇拝者と見做されている。それゆえ、額と胸と両腕にはトリプンドラ(三本の平行する横線)がある。それはシヴァ崇拝者の宗派の印である。右胸のところにかかげられている小旗は精神の師である印である。右手の指は、教える印(仕草)を結んでいる。左手は、彼の偉大な著作『ヴェーダーンタ・スートラ註』を持っている。

ラーマーヌジャ

ラーマーヌジャはシャンカラの好敵手である。ヴィシュヌへの献信の宗教の神学者であり、長寿を全うした。彼の両手は祈りのために、彼の神に対する崇拝の証しのために合掌している。額には、ヴィシュヌ崇拝者の印である「主の御足」の跡がある。右肩にはチャクラ（円盤)、左肩には「ヴィシュヌのホラ貝」が描かれている。ラーマーヌジャもまた教主の座に座した姿である。今日のマイソールでは公認の後継者としてパラカーラ・スヴァーミンがその教主の座を占めている。この写真は、わたしがインドで買うことのできた古いブロンズ像を写したものである。

シャンカラの木像およびラーマーヌジャのブロンズ像は現在、「マールブルク宗教資料館」に収められている。

「無明」の世界においてのみ通用するものである。「低次の知識」の段階から「高次の知識」の段階へ進んだ者にとっては、これらの「神々」は消え失せてしまうし、また、彼らにとっては唯一なる人格神も存在しない。神は、彼らにとっては、「真なるもの」、つまり、最終にして至高のもの、本来的に現実的で実在なるもの、ですらなく、また、最終的救済を求める霊魂（我）の目標点でもない。彼らにとっての最終的救済の目標点は、「高次の知識」そのものである。「高次の知識」、つまり、世界を消滅させ自我と人格性を溶解するものたる原初のブラフマンによって、この、唯一にして第二のものなき（ekam eva advitīyam）ブラフマン、いかなる標識も規定もありえず、同時に「我」そのものと一体であるブラフマンによって、最終的救済は達成されるのだ。そのような段階へ至りえない者には神への信仰が認められた。しかしそのような者たちは、より高い地点の見張り台に立っている人々から見下され、見張られてもいた。

ラーマーヌジャをつき動かしたのは、このことだった。すでに子供の頃、ラーマーヌジャは彼のヴェーダーンタの師であったヤーダヴァ・プラカーシャの教えにひどく憤慨して、師のもとから逃げ出してしまった。というのも、この師は、古い聖典の一元論的解釈によって、ラーマーヌジャの「主」に対する永遠の崇拝を攻撃したからだ。少年期にラーマーヌジャを揺り動かしたこのことが、彼の生涯を貫く使命を決定した。この使命のためにラーマーヌジャは、敵視や迫害を受けつつ、生命の危機に陥るほどわが身を忘れて献身したのであった。彼は聖典解釈、認識論、「我」と神に関する思弁などに通じており、厳格なスコラ哲学者としての仕事をした。人々は彼を、インドの「哲学者たち」のうちに数える。だが、結局のところラーマーヌジャにとって問題だったのは「哲学」ではなく、宗教的体験のための弁神Apologetikであった。宗教的体験の機会が奪われるのを彼は嫌った。有神論的立場に立って「世界に関する理論」をうち立てることではなく、宗教がラーマーヌジャの関心事なのであった。信ずる者にとってひとつの「救済」であり、至高の唯一の救済であるような神を求めて彼は戦った。ラーマーヌジャは、われわれにとっても、哲学者としてではなく、神学者として興味深い存在である。

生きていた時代の状況のせいで、ラーマーヌジャの戦線は各方面に拡がっていた。唯物論者や仏教徒に対しても、名望あついサーンキヤ学派に対しても、同時代にインドに存在していた他の諸宗派に対しても、彼は戦わねばならなかった。しかし、なかでも彼と共通の「ヴエーダーンタ」の伝統的地盤の上に立つ者たちとの戦いが激しかった。つまり、幻影主義的意味における——ということは同時に「純粋不二一元論《ケーヴァラ・アドヴァイタ》（kevala-advaita）」の意味における——古代ウパニシャッドの伝統の解釈者たちと、ラーマーヌジャはもっとも激しく戦ったのである。「純粋不二論」の学派は、疑いなく、今日に至るまでインド的感情や思考の第一線に立ち続けている学派であり、われわれが「インドの神秘」について語る際に普通思い浮かべるのは、この派の教義である。さらに、もっと普通一般にわれわれが「インドの宗教」と見なしているのは、この派の宗教なのだが、この見方は大そう不当なものである。

この派のもっとも偉大な代表者シャンカラは、ラーマーヌジャよりも三世紀前に登場した。そしてシャンカラの学派は、ラーマーヌジャの時代には、他学派を凌駕して、もっとも影響力の強い、もっとも称讃を受ける学派となっていた。この学派は、誇りをもって、「純粋、絶対の不二なるものに関する教義」すなわち「純粋不二一元論《ケーヴァラ・アドヴァイタ》」の学派を自称したのである。アドヴァイタ（advaita）は、「一元論（Monismus）」と言ってよいであろう。というのは、この語は完全な「不二性」――「第二のもののないこと（Zweitlosigkeit）」――を意味するからだ。

純粋不二論派の主な教説は次のようである。

一、唯一の、真の実在として存在するもの（satyasya satyam 存在の中の存在）、永遠に唯一なる実在、あるいは存在するものそれ自身のみが存する。この永遠に存在するものはブラフマンと呼ばれる。

二、それは、第二のものなきものである。つまり、それの隣りや外部にいかなる実在、現実に真に存在するものもない。

三、それは同時に次のことも意味する。われわれが見ていると錯覚している、多様性や多元性を有するこの世界は、実は、ただ大いなる宇宙論的幻覚によって、存在していると思われているにすぎない。それは現実には存在せず、蜃気楼あるいは魔法の町のようなものだ。

そのような世界は無知な人々の思考においてのみ存する。

四、永遠の唯一なるものを知らないという状態にとどまっていることが、幻想であり、迷妄である。それはわれわれすべてが把えられている不治の災いである。

五、この災いは、われわれの行為によってなくすることはできない。儀礼的行為や道徳的行為、他のいかなる行為も、迷妄に捕われた人を災いから救うことはできない。それらの行為は、人をますますこの運命的な迷妄に結びつけるのみである。むしろ、行為こそが、人を、誕生から死まで、そして再び死から誕生まで、常に休みなく輪廻《サンサーラ》——世俗的な転生の終りなき鎖——の中で迷わせ続ける原因なのである。

六、たったひとつ、次のような認識が救済をもたらすことができる。(a)まず、多元性を有する世界とは迷妄以外の何ものでもなく、ただ永遠に存在するブラフマンのみが実在し、永遠であり、持続するものである、という認識。(b)さらに、「汝はそれである（tat tvam asi）」という認識。つまり、「汝」自身が「それ」すなわち永遠のブラフマンであると認識すること。この「汝」の「自己（自体）」は、「アートマン（ātman）」と呼ばれる。アートマンあるいは「自己」とは、あらゆる心の戯れの奥底に横たわっている霊的な何ものかであり、このアートマンは、真の認識においては、唯一にして永遠のブラフマンそのものなのである。

七、以上のように認識する者にあっては、無明のヴェールは破られる。そして、多元性の迷妄、つまり多様性を有する世界が存する、という迷妄が消え失せる。「私（das Ich）」つまり自我意識（ahaṃkāra）が消失し、それとともに輪廻という転生の鎖に把えられているがゆえの迷妄が消失する。悩みや苦痛が終わる。というのも、今や、永遠にして唯一の、それ自身苦痛や悩みを持たぬブラフマンのみが存在しているからだ。ブラフマンは、それ自体、歓喜《アーナンダ》（ānanda）あるいは至福である。

八、このブラフマンは、わたしの自己（Selbst）であり、根底においてわたし自身であるところの自己である。またそれは、二元性なきもの、すなわち別異性を全く欠いたものだ。それは「存在するもの」としてしか規定できない。ブラフマンからは、あらゆる述語が離れ落ちる。とりわけ、主体、客体、認識行為という区別が、すべて消滅してしまう。ブラフマンは、個人にかかわる概念、個人的差違に関する概念を全く超越している。

九、ブラフマンは、認識する人、認識される対象、および認識行為という三者のかなたに存し、あらゆる関係から自由である。ゆえに、ブラフマンに対しては、信頼とか愛とか崇拝とかの——つまり献信の——関係は存在しえない。ブラフマンに対しては、ただ一つの関係、つまり全き一体性の関係しか存在しないが、それはしかし関係ではない。というのは、ただひとつのものしかないところでは、いかなる関係もなりたちえないから。

このような教説は、ヴェーダから、つまりその結末部分《アンタ》（ヴェーダ・アンタ）から創られたと言われている。しかし、純粋不二論の宗派の教説は、論理的考察によってさらに補強されている。というのも、詳しく吟味すると、この派の教説においてはさらに次の点が主張されているからである。
一、われわれの想像上の知覚は、現実の多様性を把握できない。それればかりか、そもそも「区別」という概念を実際に明確に定義づけることは、論理的に全く不可能である。
二、存在と、存在の認識とが、異なるものではなく、同一のものだ、ということは、聖典からのみならず、論理的証明によっても確かめられうる。
三、同様に、日常われわれが単純に受け入れている、認識行為と認識主体との区別は、実は存在しないのだ、ということも、すでに論理的に確認されている。
以上のことから、純粋不二論の教説を、次のように要約することができよう。

「ブラフマン」と呼ばれる真に存在するものは、実在するものであり、多元性にもとづくあらゆる区別から自由であって、区別されず、純粋な精神であり、常に同質を保っている絶対的で永遠な意識である。幻影的迷妄におちいると、この意識は、認識主体、認識対象、および認識行為という三者間のさまざまな区別――いつわりの主体が生み出す幻影としての多様性――へと踏み込んでしまう。このような幻影の根は、無明の謎に満ちた力である。この力は、同時に、世界の不幸の原因となっている。この無明の力は、しかし、行為によってではなく、ただ高次の認識によってのみ除かれる。つまり、永遠に救済された存在たるブラフマン――この唯一にして第二のものを欠き、存在し（sat）、精神（cit）であり、歓喜（ānanda）そのものたるブラフマン――と自分自身との同一性を認識することによってのみ除去されるのだ。

ラーマーヌジャは、反対者のこのような教説を、『シュリー・バーシュヤ』の「批判の対象としての反対主張（pūrvapakṣa）」の個所において説明し、まず反対説の代理人をつとめる。その後「自らの体系的学説（siddhānta）」の個所において彼自身の考えを詳しく述べる。この部分の最初の叙述からは、ラーマーヌジャの内面で燃えていた高揚した感情を読みとることができる。この部分で彼は、自分にとって至高と思われるものが破壊されたことへの憎悪、冒瀆的な邪説に対する憎しみをいかんなく吐露している。彼は言う。

反対者によって述べられた、このいわゆる純粋不二論の教説全体は、誤った屁理屈の蜘蛛の糸に他ならない。この理屈はあらゆる論理的区別を軽蔑しているが、そんなフィクションを思いつけるのは、聖典が教えているかの至高の存在によって選ばれなかった人間のみだ。そんな人間の知性は、その人の原初の罪から流れ出している妄想によって破壊されているにちがいない。だから、そんな人間には、言葉とか文が、本来何であり、それらが何を言っているのか、もはやわからなくなっているのだ。そんな人間はいつも、知覚や理性や聖典にもとづいて生ずるはずの正しい思考という道からはぐれて迷っている。だが、物事の正しい真相を知る人、つまり、聖典の論理的に把握された個所にもとづいて思考し、知覚を正しく把え、認識の根拠となる他のあらゆる手段をつかって物事の真相を知る人は、そんな愚かしい教えを投げすてるにちがいない。

そして今や、ラーマーヌジャは、「観念論」と「幻影主義」に対する「現実主義《レアリスムス》」の戦いから、彼の戦いを開始する。

一、世界、多様性および多元性は、実在する。

二、感官の証言は信頼しうるものであり、それは、事物およびわれわれ自身の現実性と多元性を証明している。

三、あらゆる意識は、作用としての意識とは異なる客体と主体との存在を前提としている。あらゆる知覚および思考は、この自立した私の主体（Ichsubjekt）を前提としており、これなしには存在しえない。

四、現存する私としてのこの私、個としての私は、幻影ではない。眠っていても、私という存在は中断されない。なぜなら、私は眠りや夢を思い出すことができるからだ。つまり、眠る以前の自分との同一性を、思い出という形で認識するのである。

五、反対論者が自分たちの「梵《ブラフマ》－涅槃《ニルヴァーナ》」説において「至高の救済に至ると私という意識も自己という意識も消滅する」と考えるのは、とりわけ救い難い誤りである。

「というのは」とラーマーヌジャは続ける。「もし、救済を熱望するある者が、救われた時にはわたし自身はこの私としてはもはや存在しないと知ったとしたら、その者は、そんな救済には背を向けることだろう。それでは、しかし、救済の教えそのものが——反対論者も、無論、救済を目指してはいるが——無意味となろう」。

そう述べた後に、ラーマーヌジャは、反論として自分の教説を展開する。

一、たしかに、ブラフマンは、ブラフマンとして至高なるもの、真実なるもの、唯ひとつのものだ。だが、これは、ブラフマンのかたわらにいかなる世界も存しない、ということを意味するわけではない。ブラフマンと等しい存在、共同の世界創造者としての第二のものが、ブラフマンのかたわらに存在しない、という意味であるにすぎない。

二、このブラフマンは、永遠の人格神イーシュヴァラ、つまり主である。言い換えれば、神としての自意識を持ち、自己についての認識を有し、世界を創造し、救済を行なおうとする意志を備えた神である。意識して事をはじめ、賢明な手段を使って、この神は世界を創造し、それと向きあう。ブラフマンが創造したこの世界は、見せかけや虚妄ではなく、真実であり現実である。その世界の中にいるわれわれも、また同様に真実であり、現実である。

三、ブラフマンは、実際、そっくり「知」（認識）から成り立っているが、それは、この神が徹頭徹尾「精神」である、ということを意味する。

四、この神は属性を欠いたものではない。むしろあらゆる高貴な属性の集積なのだ。この神は、あらゆる理想的な述語の主体であり、永遠にして終りなきものであり、全世界の前に、あるいは上に、君臨している。

五、この神は「第二のものなきもの（advitīya）」である。つまり、いかなる競争相手も持たず、世界の中、あるいはヴェーダの中に彼以外に神《デーヴァ》と呼ばれるものが存在するとしても、それらすべての上に超越している。ヴェーダが神として数えている神たちはすべて、世界を形づくり世界を秩序付ける仕事を、ブラフマンからの委託をうけて遂行するために、ブラフマンによって創られ、持ち場を与えられた彼の侍者たちにすぎない（それらの神々は、いわば、われわれキリスト教徒にとっての天空の天使たちである。大天使たちからなる合唱隊やもっと下位の天使たちが歌い集う合唱隊を思い出させる）。

六、聖典は、しかし、「唯ひとつのものが存在し、その他に第二のものはない（ekam eva advitīyam）。世界は、それゆえ、神性と異ならない」と教えている。ラーマーヌジャもこのことは認めざるをえない。彼もまた「不二一元論」の古い教説に忠実であろうとしている。だが、彼は次のように言う。

世界と神とはひとつのものである。霊魂（我）と身体がひとつであるのと同じように。つまり、両者はひとつの全体なのだが、同時に、両者は明確に別のものであり、融和しがたく別ものなのである。世界の創造を行なう以前に、神は、世界を自分自身の内部に「微細な姿で」——相互作用的な多様性へと展開しないままの形で——潜勢的な形態で包含している。「創造」によって神は、しかし、この潜勢的なるものを「名称と姿かたち」へと展開させる。潜勢的なるものを、時間性と空間性との双方に作用させ、確固たる世界へと形づくるのである。そして世界の年齢が終りに達すると、神は世界を再び溶解し、世界をその「微細な」姿へと戻す。その後また、常にくり返される世界創造の過程で、再び世界を形づくり、さらに更新するためにである。

七、世界がここで主の「身体」と呼ばれているのは、主がこの世界を、自分以外のなにか見知らぬ物質、主と競合しつつ対立しているある種の見知らぬ物質——神性のそとに存在する独自の競合的原理としての「無」のような——から創るのではなく、自分自身から世界を創り出す、ということを示している。ラーマーヌジャにおけるこのような霊魂（我）と身体との関係は、まさに、シュライエルマッハー（一七六八—一八三四年）ならば、神に対する世界の「絶対的依存」と呼ぶような関係である。身体の霊魂に対する関係にとって、身体が徹頭徹尾霊魂に依存していることが重要なのだ、とラーマーヌジャは言う。ラーマーヌジャの教説は決して世界の「神化」を意図していない。彼の教説は、古くから存する表現手段を使って神に対する世界の全き依存性を示すと同時に、世界創造という仕事から神のあらゆる競争相手を閉め出そうとする試みなのである。

八、聖典はやはり、かの「大文章」たる「汝はそれである」を主張している。しかも数えきれぬほどの個所においてブラフマン——それは今や「神」と呼んでよいと思うが——は、アートマンであり、汝自身の「自己」であるとくり返し主張している。聖典のこれらの個所を、ラーマーヌジャは受け入れざるを得ない。彼は聖典には忠実でありたいと思うからだ。

「しかし、わたしの霊魂がわたしの身体の「自己」であると同じように神はわたしの自己でである」と、彼は言う。霊魂は、支え、保持し、決定する主体であり、身体は、ラーマーヌジャの表現によれば、霊魂の同伴者、霊魂に帰属する者、それに依存する者である。それと同じように、神は、わたしの霊魂を支え、支配するものであり、わたしの霊魂を透徹するものである。

ラーマーヌジャは、アウグスティヌス風に次のように言うことだろう。「神はわたしの魂の魂である。わたしの魂の魂であると同じく、あらゆる人の魂の魂である。あらゆる人の魂は、それら全部が合体して、その「魂」がイーシュヴァラであるような「身体」をつくる。あらゆる人の魂と神イーシュヴァラとの関係は、同一性ではない。あらゆる人の魂が、代喩として神なのである」。ルターが、「これはわたしの身体である」というイエスの言葉を、同一性の意味においてではなく、「かの秘儀的な聖体の内部に、それとともに、それの間に」イエスの身体が包まれているのだ、という代喩の意味において説明するのと同じ態度で、ラーマーヌジャは、「汝が、ブラフマンである」という古い教えに接している。

ラーマーヌジャは、彼の主張を正当づけるために、インドの古い聖典から、神と霊魂（我）との一致が、実際、同一性の意味においてではなく、魂を吹き込むような内在化と透徹の意味において使われている例を数多くひきあいに出している。神は、ここでは、アンタルヤーミン（antaryāmin）、つまり、内なる支配者なのだ。この支配者は、霊魂（我）と神秘に満ちて結合しつつ、霊魂（我）の中に深く隠れて住んでいる。そのようなものとして霊魂（我）の生命の原理であり、その限りで霊魂（我）の「真の自己」である。しかし、だからといって、神はここで霊魂（我）と同一なのではなく、厳密には両者は一体のものではない。ここにあるのは、同一性ではなく、ある実在が他の実在の中に内在する、という表象である。この表象が、ラーマーヌジャの教義に、心情豊かな神秘主義、全く個性的な神秘主義の暖かな色あいを与えている。

内在という神秘的な関係を保ちつつ、神は自ら霊魂（我）の奥底に住む。この場合、霊魂

円盤と棍棒を持つヴィシュヌ（デリー国立博物館）

ヴィシュヌ立像　左手にホラ貝、右手に円輪を持つ（デリー国立博物館）

が神を認識しない限り、神は霊魂によって知られることも、意識されることもない。両者の結合は、神秘に満ちた生命と生命の結合である。だがそのことは決して創造主と被造物との同一性を意味しない。同一性ではない、というこの制限は、彼岸において救済が達成された状態においても変わらない。時間と永遠の中で、被造物は、創造主にして救済者たる神と、別のものとして向きあっている。

アートマンのうちに留まりつつ　アートマンとは異なるもの
その者を　アートマンは知らない（それが照らされて輝かぬ限り）
その者の身体が　アートマンであり

その者は　内からアートマンを支配する
その者こそが「おまえのアートマン」であり
内なる支配者であり　不死なるものである

『ブリハドアーラニヤカ・ウパニシャッド』の中のこのことばを用いて、ラーマーヌジャは「汝がそれである」という『チャーンドーギヤ・ウパニシャッド』の中のことばを中和する。

ラーマーヌジャは、「無」からの創造というキリスト教の教義を知らない。すなわち、彼にとって被造物は単に神によって造られたものではなく、神から造られたものである。しかし、すでに述べたように、このことはラーマーヌジャにとって決して世界の自立化、神化の根拠とはならない。ラーマーヌジャやヤームナは、世界が神から造られたから世界を評価するのではない。世界がその創造者の無限の、無尽蔵の栄光の似姿であることが彼らの評価の根拠なのである。この考え方が非常に勢いをえたので、前者の「神から造られたゆえに」という考えは、その前でほとんど完全に姿を消してしまった。世界の「僅少さ」が——神性がでなく——強調される。ヤームナは言う。

ブラフマンは第二のものなきものである、という言葉は、彼と等しい者、あるいは彼より偉大な者として彼と並べられるような、そのような何者かは、かつて存在しなかったし、現在も存在せず、未来も存在しないであろう、ということを意味している。というのは、この全世界はブラフマンの力の誇示、ブラフマンの力の展開の際にこぼれるわずかな一滴以外の何ものでもなく、ヴィシュヌの偉大な栄光という大海の一滴の中の一部分にすぎないから。指の関節で（それを尺度として）大洋を測る人がいるであろうか。しかも、地球の七つの大洋ですら巨万の世界[3]の途方もない大潮の中の一気泡の一飛沫にすぎない（この巨万の世界そのものがまた、ヴィシュヌの栄光の一滴の一飛沫にすぎない）。

このくだりで読者はイザヤの「桶のしずく」[*4]のイメージを思い浮かべるであろう（イメージはここでは無限の大きさに拡大されているが）。ヤームナが示してみせているこのイメージは、無からの創造というキリスト教の教義の傾向を、その教義自体よりもはるかに正確に、具象的に示している。このイメージによって人は、自立性や独自性という点に関して、被造物は創造主に対して全く下位にあるという感情をもつのである。このような傾向をインドの師たちも有していたことは、「イーシュヴァラの身体」という表現と並んで「イーシュヴァラの残り部分（īśvarasya śeshaḥ）」という表現があることにも示されている。「シェーシャ（śesha）」とは「残り部分」という意味であり、或るもの（X）の他のもの（Y）への、すなわち「シェーシン（śeshin）」（残り部分を有するもの）への全き依存性、被制限性、僅少性が示される場所で使われることばである。或るものの「残り部分《シェーシャ》」とは本来、或るものからそれ自体を捨象する時残るもの、つまり無《ニヒル》である。

このようにして、献信者たちの世界解釈は、実際、「無」からの創造というキリスト教の教義に、インド的前提からして可能な限り近づく。ここで、とりわけかの「諸タイプの収斂」のひとつのケースが手に届くほどの近さに存するのだ。『ヴィシュヌ・ナーラーヤナ』の中でわたしはそのようなケースについて述べておいた。[*5] この第二章を、ヤームナの『三つの証明』からの言葉で締めくくることにしよう。[4]

（過去、現在、未来の三時に包括される）この全世界は、想像も及ばぬ多様な秩序を有し、無限に賢き唯一者に守られ、その唯一者に依存しつつ、その栄光ある似姿としてつくられているゆえに、創造主の栄光の証明の場とみなしうる。それゆえに、世界は、全体として、彼、唯一者にその「残り部分」としてよりそうべきものであり、「残り部分」として印づけられるべきものである。

原註

（1）この「隠れたる神」をドラウパディーは、ルターの『奴隷的意志論（*De servo arbitrio*）』（『神の絶対意志論』）より二千年も前に知っており、それについて語っている。彼女は「隠れたる神」のかわりに

chadma《チャドマ》 kṛtvā《クリトヴァー》（神はその被造物を自身の仮面とする）と表現する。ルターの言い方では、「神は被造物の中に隠れている、被造物は神の仮面である」となる。

諸存在（すなわち、神が自身の絶対的全能唯一の原動力の戯れによって作り出したもの）の中へ神は入り、（それらの背後に隠れつつ）神はとどまる。誰も言えない、見よ、そこに神が存するとは。

正義と誠実と慈悲の本質としての「神」は、見出し難く、それと示し難い。神は「隠れて」おり、あの暗い拘束されない意志の至上権の背後にあって、探し求めるまなざしに対して姿を見せない。「絶対的依存」という性格を有する原宗教（Urreligion）においては、人は至上権のみを見出す。ここで、時間と空間を越えて、数千年の時間とヴィッテンベルクからインドのハスティナープラへの距離を越えて浮かび上がっている同じ術語は、ルターのエラスムスの理性的な神に対する戦いの中で原暴力（Urgewalt）によって再びあふれ出したあの独自なヌミノーゼ的原感情（Urgefühl）と同じものを示している（自著『聖なるもの（*Das Heilige*）』「ルターにおける隠れたる神」の項参照。岩波文庫（久松英二訳、二〇一〇年）二一八頁、ベック社版、一九七九年、S. 127. 以下この版を「ベック社版」として示す）。

さらにふしぎな平行関係がある。ルターはこの隠れたる神を保持し続けるが、自身のおそれは「契約の言葉」や「信仰」によって克服した。ユディシュティラもまた、かの秘密に満ちた深みのことを否定しない。彼は妻に言う。

……というのも妃よ
神性とは　隠れた力であるから。

ユディシュティラは妻に対して、まさに神に訴えつつ神を相手に貸借を計算しようとする人間の智慧を戒める。そして啓示を受けた人々、すなわち、

……（顕われたる神によって）信頼された賢者、すべてを知り、すべてを見る人に与えられた「言葉」に留意するように、そしてそのような言葉への「信仰」に留意するように妻を促す。永遠の秘密についての人間の屁理屈ではなく、「信仰」のみが、

……天に憧れる者たちを運ぶのだ。ドラウパディーよ、あたかも舟がはるかな岸に渡りたいと願う者たちを、海の波を越えて渡すように。

（2）パウロもまた「その人から（ex autoῦ）すべての事物が現われる」と言う。献信の師たちは——パウロのように——神は単に世界の作用因（その人によって、di' autoῦ）ではなく、質量因（その人から、ex autoῦ）でもあるのだと言う。まさにこのことによって彼らは被造物のあらゆる独自性、自立性を捨てようとする。同じ目的を持つ「ローマ人への手紙」一一・三六におけるパウロのように。B・ハイマンが、インドの数理論においてゼロが持つ意味を独自に積極的に把えて「無」からの創造を主張したのは、神の絶対性に関わるインド的土壌を考えると、非常に危険なことであろう。

（3）ヴィシュヌによって作られる世界の数は無限である。

（4）拙稿 „Ein Stück indischer Theologie,“ *Zeitschrift für Theologie und Kirche*, 1929, S. 263 参照。

訳註

＊1 『ヴィシュヌ・ナーラーヤナ』第一編六節（*Visnu-Nārāyana*, Diederichs, Jena, 1917, S. 34-37. 以下この

版を「一九一七年版」として示す)。

*2 リヒャルト・フォン・ガルベ Richard von Garbe(一八五七—一九二七年)。チュービンゲン大学のサンスクリット学教授。サーンキヤ哲学の専門家であった。『バガヴァッド・ギーター』を訳した。オットーはこの翻訳の或る個所を後に批判する(一三四—一三五頁参照)。Richard Garbe, *Die Bhagavadgītā*, H. Haessel Verlag, Frankfurt, 1905(第一版)、1921(第二版)、Wissenschaftliche Buchgesellschaft, Darmstadt, 1978(第二版の復刻)。

*3 R. Ramanujacharya, *Sri Yamunacharya's Siddhi Traya with an English Commentary*, Ubhaya Vedanta Granthamala Book Trust, Madras, 1972.

*4 「イザヤ書」(四〇・一五)には、「見よ、もろもろの国民は、おけの一しずくのように、はかりの上のちりのように思われる」とある(日本聖書協会訳、一九五五年)。

*5 『ヴィシュヌ・ナーラーヤナ』(一九一七年版)、S. 203 以降。

第三章　救済の問題
――いかにして達成されるか――

明晰で確固とした神に関する思弁より一層重要なことが存在する。それは、真正の、真実の体験された宗教だ。しかも、ここで言う宗教とは、老年にありがちな気分的なものではなくて、本来の生の意味そのものとして理解された宗教である。この点に関して言えば、今扱っているインドの宗教教団の神学にも次のような特徴が見られる。すなわち、ここでも思弁的な問題はますます後退して実践的・宗教的問題、つまり、救済それ自身という問題が重視されているのである。

では、その救済に関して、何が問題となるのか（A）、救済はどのようにして達成されるのか（B）。それぞれの場面の重要な点をとり出してみよう。

A1　献信の宗教にあっても世俗的生活と宗教的生活とは厳しく区別される。世俗的生活を放棄し、イーシュヴァラへ奉仕《カインカルヤ》(kaiṃkarya) する宗教的生活を求めよ、という厳しい要求が必然的なものとしてつきつけられる。ヴィシュヌ教系のある古い聖典では、「自然的人間」のタイプと「宗教的人間」のタイプとが対立するものとして区別されている。前者は彼らの宗教実践をすら、ひたすら世俗的幸福のためにのみ行ない、そのために努力する。ブラフマ－ニルヴァーナ（梵－涅槃）やブッダの涅槃《ニルヴァーナ》においても「苦しみから逃れ悩みを克服すること」が求められている。そのような宗教は、「獲得の価値のないものの獲得」であり、「無限の、不滅のものの放棄」である。それは単なる暗にすぎない。一方、「宗教的人間」の宗教は光であり神に愛されるものである。

この宗教は　ナーラーヤナを目指すものであり　「バーガヴァタ」の信仰と呼ばれる
というのも　目的も手段もただヴィシュヌのみであるから
行為によって愛が芽生えるようにと　ヴィシュヌにむけて　純粋な行為が行なわれる
（ヴィシュヌへの愛が芽生えたならば）　愛をつくったその行為は　最高にして至高の行為である
これが　真実のヴィシュヌ教徒の行為と呼ばれるもの　最高度の愛へと育ちつつあるものである（『ヴィシュヌ・ナーラーヤナ』S. 68）

インドでもまた、改宗の物語が語られ、集められる。俗人の、道楽者の、盗人の、娼婦の、かつては他の誤った道を踏み迷っていた異端者たちの改宗の物語が語られ、集められる。彼らすべてをカインカルヤ——ヴィシュヌへの奉仕——へと向かわせるためにである。

ここでもまた、覚醒のための説教が行なわれ、人々は「決心」へと押しやられることになる。「手おくれ」にならないように、今日ただいま決心せよ、と人々は追い立てられるのだ(『ヴィシュヌ・ナーラーヤナ』一九二九年版、S. 56 以降参照)。

A2　人につきつけられるこのような要求は、尖鋭化して「一点への集中《エーカーグラター》」へと人を追いやる。その要求の第一は、ヴィシュヌを唯一の真実の神と承認することだ。つまり、イーシュヴァラのみが神にして主なのであると承認するべく人は要求されるのである。この神もまた、イスラエルの神と同じく、唯一の神としての信仰を他の神々と分けあうことを望まぬ、情の濃い、嫉妬深い神なのである。このことは、信者たちが唯一神論的態度(ekāgratā 一点への集中)を取るよう厳しく求められることを意味する。

この「一点への集中」は、古代イスラエルの預言者の「一神論」が要求するのと同じものである。「一神論」の場合、ヤハウェが唯一の神であることよりも、イスラエル人がこの神に全心情、全感情をあげて奉仕すべきであることの方が重要なのだ。つまり、ヤハウェは、全力をあげて全感情を彼と彼への奉仕にむけることを要求する。ヤハウェ以外の何者もイスラエル人の内部を支配すべきでない。ルターはモーゼの石板の第一戒をそのように解釈している。ルターは、彼の註解において抽象的な唯一神をまったく強要せず、その代りに、神を何ものにもましておそれ、愛し、信頼することを求めたのである。それと同じことがこのインドの宗教でも求められている。ある王が、ヴィシュヌ教徒がしばしば言及するこの独特な

「一点への集中」とは何か知りたがった時に、神ルドラは彼に次のような教訓を授ける。この中で、かの「一点への集中」の体験の深化する様が印象的に語られている（『ヴィシュヌ・ナーラーヤナ』一九二九年版、S. 41以降参照）。ルドラはまずヴィシュヌの厳格な唯一神の教義を示したのち、次のように言う。

王よ　聞け　気がかりを追いはらうことのできる人こそ「一点に集中せる者」
子供がそうであるように　子供は身体のことも幸福のことも思いわずらわない
　母親が気配りするゆえに
子供たちは神ヴァースデーヴァを信じ　彼のもとに身を寄せる
ヴァースデーヴァへの奉仕を固く守り　あらゆる気がかりをこの神にあずける
　白鳥を白く色づけ
　オウムを緑に飾り
　孔雀に華やかな色どりを与えた方
　その方が　私を司られる（『ヴィシュヌ・ナーラーヤナ』一九二九年版、S. 42）

ヴィシュヌのみが神であり、他のどんなものも神ではありえない。しかし、これはいわばインドの宗教が要求する「一点への集中」の背景にすぎない。「一点への集中」の本当の意味は、ヴィシュヌとはわたしがわたしの感情の全力でもって自分の中へと把える神であり、わたしが――ルターにおけるように――徹底的な信頼で、自分を彼にまかせ、彼の中へ身を沈めるような神だ、ということである。

「ひとりの神を持つということは、わたしがその神を心より信頼することだ」とルターは言う。それゆえ、「神」を定義するとすれば、それは「最高の精神」でも「超世界的存在」でもなく、何か他の存在論的なものでもなくて、「絶対的に信頼しうる本質」と言うべきだろう。献信者にとってのナーラーヤナ以上にこの定義に合う神はいない。「一点への集中」を要請するというのは、このような意味なのだ。さらに、それは、この信頼しうる本質が今や全感情生活の内実となり、そのようなものとして中断なく持続する、ということを意味する。神はこれ以後ずっと信者にとっては「全力をあげ全心情をあげて」ただただ信頼しうるものとなるのだ。

私が歩こうと　立とうと　眠っていようと　祈っていようと
讃歌をうたおうと　食べようと　飲もうと　何をしようと
常にわが舌の先には、この言葉がとどまっている
この唯ひとつの　この貴い御名　おお　ナーラーヤナ*1

A3　そのような「一点への集中」は、自然の、ありのままの人間には不可能であり、自発的にナーラーヤナへの奉仕の生活へ入ることを決断するようにいかに迫られようとも、こうした決断をする能力や、世俗的関心をナーラーヤナへの奉仕へと方向換えさせる能力は、人間にはないのであり、それらは自らの行為によって得られるものでもない。そのことをインドの人々も知っている。奉仕《カインカルヤ》への回帰のためには、救済の究極の、本来の根拠として、何か人間の意志には存在しないもの、つまり、永遠の選抜が、神の恩寵のまなざしがまず存在しなければならない、と知っているのである。

いかにして人はそこに至るか　いかなる行為も　人の持ついかなる手段も
　役には立たない
救済は「根拠なき作用」　人の行為には根拠をもたぬ作用である
おまえの心は　懺悔によっても　沈思によっても　世俗から解き放たれない
神ハリ（ヴィシュヌ）の恩寵によってのみ　救いはおまえに下される
　人間の行為による根拠なしに[*2]
たまたま誕生の日に　神ハリの恩寵のまなざしに触れた者
その者だけが　すべての人々に先だって　すばやく孤高の場へ至る
神自らが選びたもう……

それゆえインドのこの宗教の場合にも、新しい哲学（ダルシャナ）、新しい視力、天の目を貸し与える上方からの照明が認知されており、それが希求される。

神が選んだその人に　神はただちに
貪欲からの自由と認識の力を与える　その力によって　ただひとり
心霊をあげて　あらゆる存在の「自体」たる神へと　人は向かう
至高の場所へと人は至る　ヴィシュヌという聖なる永遠の隠れ家へと

あるいは

問い　誰がおまえに　そのことを教えたのか
答え　神ご自身　全世界の教師である方　神ヴィシュヌ　心の中に住むその方
　父よ　この神なしで誰が一体　最高の精神を学び
　教え伝えることができましょうか

A4　他方、人は、生来の災いと破滅の原因は、「原過失」つまり個々の過失すべてに先立つものであり、神から離れ、分かたれた存在たるわれわれにとっては神秘である或る堕落の中に存在しているのだと知っている。神は死後天国へ帰った魂に向かって、彼の王座のかたわらで行なわれる天の裁きの時に問う。

愛しいものよ　なぜずっと以前にここに来なかったのか
なぜ地上に（異郷に）　とどまっていたのか
どのような原因から　おまえは自然界の幾多の身体に結びつけられていたのか（終りなき放浪　輪廻《サンサーラ》の迷いの中に）

そして魂は神に告白せねばならない。

貴方への帰属を放棄したゆえに
身体を　私への門としたゆえに
わたしの中に住みたもう貴方を　知らなかったゆえに
そのために　荒れ狂う地獄のあちこちを　（そしてあらゆる他生を）　さまよったのです
あなたへの奉仕者であること――　それこそが　わたしの本質そのものであるのに

（そのことを軽んじておりました）

そのようなわたしの本質を放棄したゆえに　わたしは拘束の中へ落ちこみました
今はしかし（あなたの恩寵により）　自然の本質を脱ぎすてて
わたしは真の　超自然的な本質を得て
貴方に奉仕することができます

神バガヴァットが　魂のこの決定をお知りになったとき
奉仕に没頭し救済を熱望しつつ神に身を献げているこの魂の決心を
　お知りになったとき
この方のお顔には　喜びが輝きました
終りを知らぬ救いにみちた喜び　これこそ　あらゆる目標のなかの目標
　あらゆる財宝のうちで至高なるもの
というのも　確かに　これより以上に貴い財宝はないのですから
（自分の本来の奉仕を決意して帰郷した放蕩息子[1]を見る）ヴィシュヌの顔に浮かぶ喜び
　以上に貴い財宝はないのですから

A5 われわれの間で要請されるさまざまなこと、恩寵に浴するためのさまざまな手段《ウパーヤ》(upāya) がインドにおいても強く要請される。すなわち、主の寺院を熱心に訪ねること。主への崇拝に参加すること。秘蹟に関する諸習慣、あるいは儀礼上の聖化された諸規定を遂行すること。世俗の人々から遠ざかっていること。敬虔な人々の集団を訪ねること。教化的な会話を彼らと交わすこと。虚栄の会話を避けること。聖典の中の神(バガヴァット)の言葉を勤勉に読むこと。讃歌を歌い、覚えること。自宅における日々の礼拝、瞑想、および考察を着実に行なうことなどが要請される。

A6 このようにイーシュヴァラへの誠実な奉仕を行なう者は、天国における永遠の救済に先立ってすでに今現在、主の中に居る至福を体験する。彼に奉仕して彼との一致を体験する。主によって恩寵を与えられ救済された人の精神の高揚と歓びは、次のように感動的に表現されている。

おまえ達に言う　おまえ達がどんなに探そうと
この輪廻《サンサーラ》の世界のあちこちでは
平安はどこにも見出されぬであろう
運命《ダイトャ》の息子らよ
けれども　平安はあらゆる場所にある

平安は手もとにある　神に奉仕することこそが平安なのだから
神の恩寵を受ける者に　何が欠けていようか

（『新約聖書』のサンスクリット訳では、「平和（Friede）」という語が、ここでわれわれがより注意深く「平安（Ruhe）」と翻訳したサンスクリット語で訳されている[*3]）

幸福も　利得も　快楽もいらない
望みの高い者には　それらは少なすぎる
たったひとつの果実が胸を充たす
それは　世界の汚れの中に留まらず
永遠の奇跡の木に回帰した者に
与えられる果実である

あるいは

私は讃える　言葉であり　意味であり
至高の存在であるその方を

私は讃える　言葉であり　意味であり
唯一の存在であるその方を
私は讃える　尺度を越えており　きわめて崇高なるその方を
私は讃える　尺度を越えており　財宝の海たるその方を

B　われわれにとってこの宗教の最も興深い点は、その内部で救済に関する教義のある問題が発展してきたことである。その問題は、われわれ自身の宗教の問題と、注目すべき平行関係を有しており、一見したところはまるでわれわれの特殊にプロテスタント的な恩寵の問題の複写であるように見えるほどである。

すべてが救済に懸かっている。この救済はイーシュヴァラの中に、彼との一致そのものの中に存する。だが、いかにしてそれは達成されるのか。ここにおいて救済に向かっての自力の共同作業と恩寵との関係という問題が生ずる。つまり、神人共働説と単働説との問題、恩寵と行為の問題が生まれるのである。

B1　「行為」の問題は、インドの神学および思弁の古くからの問題である。その際まず、ここでは諸前提がわれわれにおけるのと全く異なっていること、全く異なる諸前提の上に立つ諸タイプの収斂がここでは問題となっていること、を心得ておかねばならない。すでに『〔バガヴァッド・〕ギーター』がこの問題を議論している。人間が行為すべきか否かは、元来『ギーター』の根本問題である。しかしここでは、問いかけはとりあえずまだ共働説とか単働説とかの意味、つまり、人間の「行為」を、神の恩寵のとなりに位置づけるか、下位に位置づけるかという問いを含んではいない。絶えずくりかえされるクリシュナの言葉は、まずは、まさに王子アルジュナ[*4]を「行為」、戦士にして騎士である者の「必然的な」行

ガルダ鳥に乗るヴィシュヌとその妃　ガルダの下にはマカラと魚がいる（カトマンドゥで入手した木版画）

ゴーヴァルダナ山を指で支えるクリシュナ
(オリッサで入手)

為へと駆り立てるためのものである。「主」はそのために、倦まず働き活動する自身をアルジュナへの手本とする。このような必然的な、義務としての行為をするようにとの要請は、まさに、「献信の道」がまっ先に断固として強調するものだ。献信者の戦いはここでは「共働説」の前線にむけて行なわれるのではなく、より古い「不二一元論」諸派の静観的神秘主義の前線にむけて行なわれる。この派の人々は次のように言う。つまり、ブラフマンとの一致を認識した者は、すべての働きを断念する。行為全般の放棄《トヤーガ》(tyāga)を訓練し、放浪する苦行者《サンニャーシン》（saṃnyāsin）の世界逃避《サンニャーサ》（saṃnyāsa）をわがものとすべく訓練する。苦行者にはどのような儀式上の、倫理上の行為目標も、あるいは他の行為目標も必要ではなく、したがってそのための行為は必要ではない。世界は彼にとって本質のないものとなり、それゆえあらゆる行為が、悪い行為も良い行為も、彼にとっては存在しなくなる。この教説をシャンカラもとり入れ、『ギーター』に対する註釈において、この教説を最高位に置くべく懸命に骨折っている。救済された者、つまり認識へと到達した者は、あらゆる行為を越えていると彼は言う。その人にはもはや何の義務もなく、何らかの積極的な目的にむかって精進することもない。ブラフマン（梵）自身と同じく行為せず、彼は自分の人生を終りまで、すなわち、彼の業《カルマン》（karman）が尽きるまで、生きるのである。

そのような静観主義に『ギーター』は対立する。おそらくすでにクリシュナの騎士道を勧める宗教自体が、個々人が生きている社会の諸秩序における行為、働きに味方するものであったろう。折りにふれ『ギーター』*5は、まさにそのような行為が主によって命じられ望まれているのだと言い、ジャナカのような太古の貴人たちは彼らの階層にふさわしい働きや行為（svadharma）をすることによって、救済の道を進んだのだ、と言う。ラーマーヌジャもまた、このような意味でシャンカラおよび無行為に反対して、詳細にわたって論じつつ激しく闘う。神の命じた行為は、彼にとって恩寵と並んで必要な要請なのである。

B2　しかしながら、状況は、前線が変わるとただちに変わってくる。その原因はすでに

『ギーター』自体の中にあった。まさに『ギーター』が感動的な言葉で、われわれが「恩寵の問題」と呼ぶところのものがそこから萌芽として発展していくような教義を述べている。『ギーター』は、結末部分である第一八章第六四偈以降において言う。

最も秘奥なることをもう一度聞け　わが最も崇高なる言葉を　お前はわたしにとって測りがたく愛しい者　それ故お前の救済（Heil）に役立つこと（hita）を教えよう（一八・六四）

お前の心をわたしにむけ　わたしを愛し　わたしに犠牲をささげ　わたしをあがめよ　さすればお前は　わたしの中に入ることができよう　そのことをわたしはお前におごそかに約束しよう[2]　お前がわたしには愛しいのだ（一八・六五）

あらゆる宗教的習慣（礼拝の儀式や救済の手段）を断て　わたしのもとへひとりで逃避せよ　わたしはお前をあらゆる苦境から解放するであろう　気がかりを捨てよ（一八・六六）

ここでもまた救済への本来的な手段（道）として行為は考えられておらず、救う力をもつ恵み深い神とその恩寵《プラサーダ》（prasāda）への心の帰依が想定されている。この問題、何が救済へと導くのか、恩寵なのか行為なのかという疑問が意識にのぼる場合、時代によって全く異なった響きをもつ答えが生まれざるを得なかった。時代とともにますますイーシュヴァラの救済・救助行為の独占的な恩寵という性格が浮かび上がってくる。コントラストはますます鋭くなる。『ギーター』の基本的な諸主題自体が今や成熟する。そしてついに、先に引用した詩句に対する信仰告白が形式化されることになる。

> いかにして人は神に至るか　いかなる行為も　人の持ついかなる手段も役には立たない
> 神は「根拠なき」作用　人間の行為には根拠をもたぬ作用である（『ヴィシュヌ・ナーラーヤナ』一九二九年版、S. 43）[*6]

恩寵は「根拠なき」ものであり、その条件として人間の行為をあてにしてはいない。恩寵が何かを期待することは全くなく、純粋な、常に先行する自由な恩寵（gratia praecedens et libera）として、すべての行為や業に先行している。ここでは、不完全な、あるいは完全な善行（meritum de congruo あるいは de condigno）というものはない。またここでは、信仰は人間の尊厳とか、人間の業績とかに基づくのではなく、「契約」の言葉、主が『ギーター』の「究極の頌（carama-śloka）」において与えた約束の言葉に根拠をおいている。

B3　このようにしてラーマーヌジャの学派の献信の教義は尖鋭化する。献信とは、崇拝へと高められた愛によって貫かれた信仰である。献信は、はじめまず、救済への真の手段とみなされるが、次に続く発展の中では献信すらが疑われるようになる。つまり、献信もまだなお手段であり、根拠であり、条件なのではないか、と疑われる。われわれの信仰、われわれの愛、われわれの崇拝のおかげで恩寵が与えられるのではない。献信それ自体がなお「行為」なのだ。そこで献信のかわりに、インドでは単に「(神に)近づくこと《プラパッティ》(prapatti)」と呼ばれるものが登場する。信仰にしろ愛にしろ人間が自らその能力を有するのではない。人間に残されているのは、ただ、ひたすら主にまかせ委ねること、主が人間に対してその恩寵の意志に従って行為することができるよう主ひとりがすべてをはからうようにする、ということのみである。救済への「手段」について、ここでは人はもはや何も語ることはできない。「手段《ウパーヤ》」さえもが、今や、全くイーシュヴァラそのものであり、彼の恩寵なのであるから。

B4　ラーマーヌジャの学派は、恩寵の教義のこの問題について、ふたつの別派、北部の派と南部の派に分かれた。両者間に恩寵の排他性をめぐって容赦のない争いが起こった。その争いは、幾世紀も続き、単に神学上の争いにとどまらず、両派相互間の実際の、容救のない交戦をよびおこした。強烈なイメージが、この二派の違いを特徴づけている。人々は彼らを「猿」の道と「猫」の道として区別した。というのは、人々の語ったところによると、猿の母親が危地に陥ると、その子はさっと彼女にしがみつく。そうして母親がそこからとびのけば、子はいっしょに救われる。たしかに母親の行為によってではあるが、その際息子も少しばかり、つまり自身で母親にしがみつくことで共働している。それが共働者である。しかし、子連れの猫が脅かされた場合には、猫の母親は子を口に銜《くわ》える。子は助かるために全くなにもしない。彼はただ受動的にふるまう。あらゆる共働は排除されている。

二派の教義の間で一八の主な違いが挙げられている（『ヴィシュヌ・ナーラーヤナ』一九二九年版、S. 160 以下参照）。それらの中にはたとえば次のような争点がある。

北部の派が言う。

> 神の恩寵は「買う」ことができる（つまり、独自の諸特質、たとえば人がもたねばならぬ献信によって）。

南部の派がそれに対して言う。

> 恩寵は「報酬を取らぬ」。それは自由であり、同時に「抵抗しがたきもの」なのだ。

北部の派。

> 行為や認識はなるほど救済への主たる手段ではないが、救う力をもつ献信を獲得するため「助力する」。

南部の派。
主に対する（神への接近《プラパッティ》を通じての）受動的委任のみに、すべてがかかっている。

北部の派。
神への接近は救済へのひとつの道である（つまり、献信が難しすぎる人々にとっての）。

南部の派。
神への接近は断然唯一のその道である。それどころか、その道は本来神自身なのだ。そしてその神への接近も、非本来的な意味においてのみなおひとつの「道」と呼ばれるにすぎない。

北部の派。
他のことをなしえない者は、神への接近を選んでよかろう。

南部の派。
お前のできることを試みよ、そして何もできないと知るがよい。

北部の派。

行為や認識などは、神への接近に「力を付与する」にちがいない（「愛によって形成される信仰（fides formata caritate）」と較べよ）。

南部の派。

行為や他のあらゆることは、神への接近から「力を奪う」に過ぎない。唯一の救いは、人は全く無力で、一方、主は全く救う力に満ちていることなのだ。

北部の派。

神に近づく人の行為（改宗への行為）は、神の満足を生み出す。この目的のために行為は行なわるべきである。

南部の派。

神に近づいた者（改宗した者）も、自分が神に気に入られるかもしれない、などと妄想してはならない。この者にしたところで神の恩寵を「買う」（ふさわしくなる、mereri）ことはできないのだから。

北部の派。

それでは言うが、神の恩寵は、少なくとも自身を神にまかすこと（神への接近《プラパッティ》）そのものは期待していよう。

南部の派。

そのことは神への接近では全然なく、むしろ商取引なのだ。神は自身の自由な意志から引受けるのであり、頼まれたり、強制されたりしてではない。

これらの相違はまとめて次のように表わされる。

北部の派。
　魂が、神を得る。
南部の派。
　神が、魂を得る。

原註

(1)「ルカによる福音書」(一五・七) 参照。

(2) ルターが「神の約束 (promissio Dei)」を引きあいに出すように、献信者たちはこの「約束」を引きあいに出す。

訳註

＊1『ヴィシュヌ・ナーラーヤナ』一九一七年版、S. 31 参照。*Bṛhadbrahmasaṃhitā*, 4, 8, 95,

Ānandāśramasaṃskṛtagranthāvalī, No. 68, Poona, 1912, p. 166.

＊2 『ヴィシュヌ・ナーラーヤナ』一九一七年版、S. 32 参照。*Bṛhadbrahmasaṃhitā*, 4, 8, 101-102.

＊3 例えば、「ルカによる福音書」（一九・四二）の「平和」は、ドイツ語訳ではFriedeであるが、サンスクリット訳では「平安」あるいは「寂静」を意味するśāntiという語が用いられている。もっとも、常にそうであるわけではなく、「マタイによる福音書」（五・九）の「平和」は、ドイツ語訳はFriedeであるが、サンスクリット訳は「協定」「連合」を意味するsandhiが用いられている。*Die Bibel oder die Ganze Heilige Schrift des Alten und Neuen Testaments nach der Übersetzung Martin Luthers*, Württembergische Bibelanstalt, Stuttgart, 1978; *The New Testament in Sanskrit.* (Reprint), The Bible Society of India and Ceylon, Bangalore, 1962.

＊4 パーンダヴァの五王子の第二（あるいは三）王子。長兄がユディシュティラである。ドゥルヨーダナ王子の率いる軍との戦いではアルジュナはパーンダヴァ軍の総大将を務める。彼の御者がクリシュナであり、ヴィシュヌの化身である。

＊5 『ラーマーヤナ』の主人公ラーマ王子の妃シーターの父。王でありながら、バラモンの学問にも通じており、古来、「王仙（rājarṣi）」と呼ばれてきた。

＊6 『ヴィシュヌ・ナーラーヤナ』一九一七年版、S. 32 参照。本章訳註＊2参照。

第四章　インドの恩寵の宗教とキリスト教
——異なる精神、異なる救い主——

二つの宗教、あるいは二つの宗派を較べる場合、まず、〔アドルフ・フォン・〕ハルナック〔一八五一―一九三〇年〕が警告しているような誤りを避けねばならない。ハルナックは、「わが良き理論を、相手の悪しき実践」と比較したり、自派の理想を他派の単なる現実と比較したりしないようにと警告している。こうした場合、人はできる限り公正でなくてはならず、理論と理論、理想と理想を較べねばならない。完璧に公正であろうとすれば、当該の宗教が最良の代表者によって体験されている時その宗教がどのように見えるのか、を確認するだけでは充分ではなく、その宗教の最奥の理想状態がいつかある日体験された場合どのように見えるのか、を問わねばならない。その際、当該の宗教がおそらくは依然として抜け出せずにいる諸状況、その宗教の中核の内容を変えることなく消すこともできそうな、付随的な、中心から離れた諸様相、諸状況によってその宗教を測り評価することは避けねばならない。献信《バクティ》の宗教の以前の形態や今日の形態にも、付随的な様相から言えば、いくつかの非難に価する点を見出すことができよう。例えば、古い神話や伝説との濃密な混合、過度の偶像崇拝、インドの社会秩序の持つ古い社会的弊害が充分には克服されていない点、儀礼の遂行や、ユダヤのエートスの場合同様、道徳上の規律と化してしまっている宗教上の清浄性に関する規則を守ることに汲々としていることなどが挙げられよう。だが、キリスト教もまた実に長い間、神話や伝説、民間の迷信、呪術信仰や魔女信仰、偶像化や物性化と――その中核において――関係を持ってきたし、今日でもそのような関係から完全に抜け出してはいない。インドはしかし、これまでのところ、西洋におけるようには、浄化を目指す啓蒙の時代、批判的な選別の時期を体験しなかった。もしインドがそれらを体験するとすれば、多分、その宗教形態の多くは批判に晒され衰微するであろう。だが、献信の宗教それ自体は、その深奥の理念に基づいている限り、古代的、中世的形式や負荷から自らを浄化したわれわれの宗教以上に、そのような批判を恐れる必要はない。「炎は煙から自己を浄化する」[*1]――インドでもこのような経過はすでに現在、いくつかの例に見てとることができる。その経過の中で『ギーター』の核心や真価は、傷つけられてはいない。ちょうど、近代的思惟の形態において『新約聖書』の内容が不可避的に解釈されなおしたりしても福音の価値が変わらなかったように、また近代の神学や、近代的な教会のあり方によって福音が傷つけられることがなかったようにである。

　それゆえ、われわれは公正にふるまい、外面的なこと、偶然的なことがらに捕われぬようにしよう。また、単なる状況の不利から生まれた欠点を見ることもやめよう。ところで、そのような比較をする場合、二つの異なる立場が存在する。「宗教史的な」立場と「神学的な」立場である。神学は「宗教史」ではない。それは――ひとつの神学を発展させたほどの宗教においては常に――宗教の機能そのものである。神学は、宗教の外側に存在するのではなく、本質的必然として宗教自身から生まれ出るものであり、それが自己の宗教に判断を下すにせよ、他の宗教に判断を下すにせよ、世俗的学問的判断ではない自らの信仰上の申し立てを含んでいる。神学の基本的なカテゴリーは、インドにおいてもわれわれにあっても「啓示」である。宗教史は、このカテゴリーを使わないし、知りもしない。宗教史は「諸宗教」を、学問や芸術の諸分野の現象などと同様に、人類の文化史の発展段階における人間精神の独特の所産として把握し解釈しようとする。いずれの立場からも比較や関連づけが行なわれる。それぞれの立脚点において宗教の類似性の確認――程度の差はあれ両者の近似性や親近性を判定すること――が行なわれ、同時に、両者間に常に存在する非常に強い緊張や反目が確認される。

献信《バクティ》の宗教に関していえば、さまざまな領域で、まさに神学的な側面においても、しばしばキリスト教との広範囲な類似が認められてきている。日本の例で言えば、恩寵に満ちた救済者阿弥陀仏への献信的帰依がそうである。一人の熱心な日本人宣教師が――彼は非常に誠実に自分の職務を遂行している人であったが――阿弥陀の熱心な崇拝者である彼の年老いた母親について次のように言った。母もまた救う力のある上方からの恩寵を信頼しており、心静かに自分の信仰に安心しています。母はそれを「キリスト」と呼ばず、「阿弥陀」と呼んでおります。だからといって、年老いた母の心の平安を乱し、われわれにとっても結局重要なものであるものを信じている彼女の信仰を、疑いによって危くすべきでしょうか。――そのようなことを彼は言ったのである。インドでは別の宣教師に会った。この人は真正のキリスト者的熱意をもって、最下層の人々、放浪者とか一般の社会から排除された人々の間で暮らしている人だった。彼はポケットから読み古して破れてしまった『新約聖書』とともに別の本を取り出した。この本も破れ方に遜色はなかったが、彼はその本の一語一語に精通していた。それは『バガヴァッド・ギーター』だった。彼が言うには、聴衆にむかってキリストの生き方や言葉を語り、詠う前に、彼はいつも聴衆にはなじみ深い『ギーター』の言葉に触れる、とのことだった。それどころか彼は、インド的状況に置かれているインド人に対しては、イスラエル人に対して預言と成就に関して『旧約聖書』が占めているような位置をインド聖典のあれこれが占めることを承認してはどうか、とまで提案したものだ。

　わたしは、深い体験を持ち実践上の判断においてわたしよりはるかに優れている人たちと、彼らの実践の良し悪しを争おうとは思わない。ヤームナ・ムニやラーマーヌジャ、あるいはわたしが会うことのできた今日のインドの宗教の非常に敬虔で尊敬に価する代表者たちの信仰が「人間の幻想の産物」だと主張するとすれば、何という不遜であろうか、とまさに神学者として、わたしは強く感ずるのである。わたしは、われわれの神学には他の宗教の型とわれわれのそれとを比較し価値づけるに充分なカテゴリーがまだ欠けていることを知っている。しかし、無論、「宗教史家」であればきっと、彼がひとつの宗教現象から格別に典型的なものを区別する能力を有していさえすれば、『ギーター』と『新約聖書』の関係がイスラエルの預言や詩篇と『新約聖書』との関係に厳格に相応する、という考えに対して抗議をさしはさまざるを得ないだろう。宗教史家ならばここで彼の言葉を使って内部の「構造上の相違」についてより一層原理的に語るだろう。すなわち、その「構造上の相違」はインド独特の前提に原因があり、それは一貫して献信の宗教にまで貫かれているのだ、と。ところで、この相違はインド人自身によって宗教的に深く感じとられてきた。わたしは、「女性聖者」としてインド人からも尊敬されていたプーナのキリスト教「聖者」ラマーバイの例を思い出すが[1]、彼女は長い探求の末にキリスト教信仰に入ったのだった。高い教養のあるバラモンの娘として、彼女はインド的な敬虔さのあらゆる深みと高みを知っていた。彼女の故郷では「マハーラーシュトラの聖者たち」が詠った驚嘆すべく繊細で内面的な詩歌によって、献信の宗教が格別栄えて花開いていた。ラマーバイはキリスト者として自分の国に対して忠実に、孤児や寡婦への犠牲を厭わず、奉仕に没頭していた。彼女は、自身の以前の信仰をキリスト教の「前段階」とは考えていなかったのだ。実際、彼女は聖書の独自の翻訳を試みたのであるが、その聖書翻訳に際しては、インドの宗教の術語として使い慣らされた言葉を使うという翻訳者の一般的慣習を意識的に拒絶し、インド的なもののあらゆる連想を遠ざけるために、目新しい表現を試み、創り出したのだった。わたしは反対の、すなわち非キリスト教の側の、これと対応する事態にも出会った。確かに、インド人の間では、先に挙げたシャンカラ派の人々のように、キリスト教を彼らの献信の宗教とかなり似たものと把え、キリストを彼らの神の化身とみなし、時折は聖書の言葉や礼拝様式を自分たちのものに混合して用いる、というようなことがしばしば見受けられる。こうした事実に基づいて、最近の諸宗教間の会議で、祈りの中で呼びかけられるあらゆる「われらが父（Vater unser）」の代表者としてのひとりの父への呼びかけで儀式が頂点に達するようなひとつの礼拝式が考え出された。その中で東洋と西洋が出会うこと、つまり、東洋も西洋も「神が共通の父であり人類は兄弟である」という信仰告白をすることを願ってのことであった。だが、これは単にキリスト者によって許されざるものと受け取られたのみならず、真面目な、しかし同時に徹底的に近代的教養を有し、キリスト教に対して決して敵意をもたないインド人によっても、彼ら自身の宗教の立脚点から許されざるものと受け取られた。そうしたインド人たちは、「主の祈り（Vater unser）」はまさにキリスト者の祈りであり、彼らが異議なくわがものとできそうな全世界的な祈りでは決してないと感じたのだ。彼らは自身の宗教の立脚点からそのような折衷主義に抗議した。

　わたしが言うのは、「宗教史家」にとっては、「主の祈り」を『ギーター』の中へ持ち込もうとしたり、あるいは「献信の道《バクティ・マールガ》」をキリスト教の「救いへの道《オールドー・サルーティス》」と理念的に同じものだと説明したりすることは、「様式」上、あるいは「構造」上不可能なことと思われるにちがいない、ということだ。宗教史家は、あらゆる類似にかかわらずインドの宗教は『聖書』の宗教とは本質的に異なった軸のまわりを動いているのだと主張するにちがいない。それゆえ、この二つの宗教は「準備」と「成就」、前段階とその完成段階というような関係にあるのではなく、預言や詩篇と福音との関係にあてはめうるものでもない。そうではなくて、一方の宗教から他方への移行に際しては、実際、内なる軸の完全な転換が、進化的段階的移行ではなく、跳躍《サルトウス》そのものが問題になるのだと主張することだろう。わたしはすでに自著『ヴィシュヌ・ナーラーヤナ』でこのことに触れたし、同時に宗教における「個別性」についてのシュライエルマッハーの見解にも触れた。彼のこの見解は、確かに神学的考察としては充分ではないが、宗教の単なる比較にとっては、一般的にではないにせよ、今ここでわれわれが較べている二つの宗教に関しては広く適用され得る。シュライエルマッハーによれば、個々の宗教理念の「量」の多少が宗教の個々のタイプ間の差を作るのではない。むしろ量は、全く異なった宗教間でも同じであり得る。重要なのは、そのような諸理念のうちのどれが、あらゆる理念のうちの本質的で決定的な中心であるか、ということだ。個々の宗教理念について言えば、実際、今われわれが問題にしている二つの宗教の間には広範囲な一致があり、それはわれわれがキリスト教の教義に元来特徴的なものとふつう見做しているものにまで及んでいる。たとえば、神の位格に関する教義、受肉の教義、宗教的認識の本来の源泉としての「ことば《シャブダ》（śabda）」の重視、他の諸タイプへの厳しい排他性、恩寵、選抜など、それらすべてがインドの宗教でも繰り返されるのである。にもかかわらず、二つの宗教の「精神」は別のものである。実際、精神は異なっている。なぜなら、二つの宗教にあっては異なった理念がそれぞれ本来の中心に位置しているからだ。まさにこのゆえに前述の「軸の転換」が起こるのであり、また、一方の宗教では確立している理念が他方では断片的であったり、また時には一部分が欠けていたりということも起こってくる。同時にわれわれは「他方の軸」のイメージも十全なものでないことを知るだろう。

「別の精神」とわれわれは言った。精神の違いは、まず「感覚的に」体験される。ただちに概念的に把握されるのではない。実際、人がたとえば『バガヴァッド・ギーター』から出発してその精神を感じとったのち、われわれの詩篇や預言、福音やパウロへ戻るような場合、そのようなことが生ずるであろう。人は、あちらではインドの精神が「吹い」ていると感じ、こちらでは別の精神、いわば比較にならぬほど厳しく力強いパレスティナの精神が「吹い」ていると、感ずる。しかしながら、とりあえず感覚的に体験されるこのことについて、さらに概念的な説明を加えることができるだろう。インドの献信の宗教とキリスト教の特徴についての概念的説明をここで試みたい。同時に両者間の差異を段階的に秩序づけてみたい。

一　われわれはすでに、「主の祈り（Vater unser）」が、少なくともあらゆる有神論的宗教がある公分母に纏められるようにその中に纏まってゆくところの一種の普遍的祈りである、という前提に対しては反対した。実際、それを公分母にしたいのであれば、人はこの祈りが含むあらゆる歴史的意味を、同時にこの祈りに付随しているあらゆる特殊な連想を抑えつけ、剝ぎ取らねばならない。イスラエル的・預言的由来や、特殊にはパレスティナ的・後期ユダヤ教的諸前提も、ついには精神や感覚に深く埋めこまれたイエスの神の王国の宣教すら抑えつけ、剝ぎ取らねばならない。つまり、人はまずあらゆる個別精神を追い払い、平均化の方法で、全く型から自由な有神論一般の公分母を作らねばならない。その公分母は全く同

世界を三歩で征服するヴィシュヌ（大英博物館）

世界を三歩で征服するヴィシュヌ(カトマンドゥ国立博物館)

様に、人がその分母の下で把えようとしている他の諸宗教の個別精神をも殺すものである。「天にまします我らの父よ」という呼びかけがそのまま、インドの神に対する最高の、最も荘厳な呼びかけとしてそう唱えられるとしたら、奇妙な気持を引き起こすであろう。インド的環境の中で「父」とか「母」とかの名が神に対してひんぱんに用いられるとすれば、人々は驚き、奇異な、異様な響きを感じ取るであろう。そんな場合には必ず付随的連想がただちに涌きおこり、われわれはこの呼びかけを改竄した挿入句だと推定することになろう。神に対する献信者《バクタ》たちの至上の呼びかけ、再三再四彼らがそこに立ち戻る呼び名は「至高なる精神《プルショーッタマ》(最高我、purushottama)」である。後に見るように、この呼びかけの中にこの宗教の最も深い精神が語られており、この表現は『リグ・ヴェーダ』の「原人歌《プルシャ・スークタ》（purusha-sūkta）」まで遡る。この古代の頌歌は、「サーヴィトリー（sāvitrī）の祈り」と並んで献信者たちにとってあらゆる祈りの中で最も荘厳なものだ。ところで、われわれにとっても神は確かに「至高の精神」である。しかし、もしわれわれがインドで礼拝式に参加することがあって、たぶんわれわれの「父なる神」も含まれているからという理由でプルショーッタマと唱えるよう要求されたとしたら、どんなに異質な感じを受けることだろう。祈りは、最後の高まりとしての、総括としての「原人歌」の中へと消え入ってしまうだろう。すでに述べた宗教会議の際の「主の祈り」の場合と同じである。あるいはその代りにサーヴィトリーの祈りで置き換えようとした場合にも同様である。この祈りは次のようなものである。

tat savitur varenyam
bhargo devasya dhīmahi,
dhiyo yo nas pracodayāt.

サヴィトリ（太陽の一神格）の愛すべき光を
沈思しよう――われわれの信心を
望みたもうという神の光を*2

激励者サヴィトリはここでは献信者たちによってイーシュヴァラすなわち神自身と解されている。サヴィトリは、たしかに彼らにとって唯一永遠の神そのものである。そのような祈りの言葉はキリスト教的内容によって言い換え得るかもしれないが、その場合、その祈りは徹底的に異なる圏内へと移されてしまうであろう。そのような転移に対しては、真正の献信者は抵抗するに違いない。「主の祈り」のインド圏内への転移にキリスト者が抵抗するのと全く同様である。

だが、そのこと以上に、「主の祈り」全体の核心である第二の願い「御国の来らんことを」は、インド的環境では完全に不可能な願いである。

このことはもちろん、「神の王国」という言葉を、その起源どおり聖書的意味において受け取り、近代的に浅薄に理解しない場合、神の支配という理念が極めて好意的に迎えられる場合にのみ言い得ることである。今日では、神の国は「年代順に」来るものではなく、個々人に「決意をせまる」ものなのだ、と主張されがちであり、「神の支配」という理念は、その真正の刻印が曇らされてしまうような危機の中にある。神による決意への促しという考えはインド的思考から全く遠いものではない。というのは、インドでも、すでに見たように、世俗の生活に背を向けて「主」のために決意せよという「要求」の下に個々人が暮らしているからだ。ここでもまた、個々人の前には来るべき王座のもとでの裁きが人々を威嚇しつつ待ちかまえている。インドでも、人々は熱烈で厳しい説教によって決心へ、間にあううちの決心へと追い立てられる。そうした決心に、個人は生涯を通じて直面しなければならない。しかし、預言と福音の意味における「神の王国」は、個々人に対する決意の要求や将来のありうべき裁きよりはるかに多くを、それよりもはるかに偉大なことを語っている。「来るべき」神の王国は、何よりもまず最初に、その名が語っているところのもの、つまり秘密に満ちた偉大な終末、神の意志の目的地なのだ。すなわち、すべての人、すべての物を覆い、世界そのものを覆うヤハウェの王国（malkūt）の、最終的にして決定的な、客観的再興である。その時には世界が真実、「神のもの、そして神の子たるキリストのもの」となるだろうから、世界は神を、神によって再興さるべき神の支配の実現を知るであろう。この理念、これなしにはキリスト教がキリスト教たりえないこの理念は、断じて或る一般的な宗教的財なのではなく、インド的な宗教的財でもない。そうではなくてそれは、全く特殊な宗教的財なのだ。この理念に関する問題は、単なる軸の転換の問題ではなく、インドには欠けているひとつの中心理念の問題なのである。それどころか、この理念はインド的敬虔さに反対する方向を有している。その理念は「ヤハウェの日」に関する古いイスラエルの予言——「ヤハウェの日」にはヤハウェは彼の支配を彼の民の中に、そして諸民族の間に打ち立てるために来るであろう。「義」は水のように大地を覆うであろうから、父祖らが望んだことがついには現実になるであろう——という予言の全く特殊な遺産に根ざすものであるのだから。

る。二「神の支配」という理念は、インドの神とは本質的に著しく異なった神を含んでいる。イーシュヴァラは永遠を支配する。彼の居場所のはるか下方で、世界と人間の流れは、絶えずくり返される生成と消滅の運動のただ中で、輪廻《サンサーラ》のただ中でざわめいている。イーシュヴァラからの離反によって世俗の存在の中に把われて放浪する魂は、輪廻の中をさまよう。そこでイーシュヴァラが、純粋な、報酬を期待せぬ恩寵となって、放浪する魂の方へ身を傾ける。数限りない失われた者たちのうちから、彼に属する者をイーシュヴァラは自己のもとへと救い上げる。この輪廻の世界は、しかし、流れ、走り続ける。劫《カルパ》(kalpa)から劫へと。この世界は、自ら神の栄光または栄誉の場所となることは決してない。それは常に、それがそうであるところのもの、ゴールや終末のない連鎖であり続ける。なるほど本質を欠くというわけではないが、しかし永久に無価値であり、決して価値を与えられず、王国の所在地、神自身の最終的支配の場所へと「変容」することは決してない。

イスラエルの預言者たちは、全く反対に、「救済」とか個々人の救出には極めてわずかな関心しか持たない。彼らの説教の中心にまずあるのは、ヤハウェの支配の来るべきことであり、残念ながら今はそうではないが、選ばれた時にその支配は彼の民の反抗と不服従にもかかわらず、裁きと燃え上がる怒りによって実現するだろう、という約束である。そのようなことは若いキリスト教徒の集団も知っている。神の国が来るだろうということを彼らもまた知っており、燃えるような期待とともに、再臨の時を希望し、待ちうける。「全く異質なもの」の最終的闖入を謙虚な恥じらいと緊迫した期待とともに待つ感情こそが原始教団の時代以来のこの宗教の魂である。(2) それは完全に非インド的な魂のあり方だ。詩篇以来、また福音によって古いイスラエルの信仰が、最初の民族的、集団的形式から個人的で主観的なものへ方向を転じたとしても、最初の理念はあくまで断固として保たれている。ここでは、預言と成就、蕾と開花、前段階と完成は現実的なものである。キリスト教にあってはまた、単なる個人の至福あるいは救済という理念より、聖書的な終末理念という全く偉大な「客観的なもの」が優先される。つまり、ヤハウェの支配は確かに「来る」のであり、現実となるであろうし、時と永遠における「あらゆるものの終末」は、現実となった「神の支配」そのものであるだろう、という理念が、何よりもまず優先されるのである。

三　以上のことは、次に述べるような東洋と西洋の間の注目すべき相異なる二特徴と結びついている。この相違点はまさにこれまで言ってきたことの発展である。わたしはまずそれらを普通言われている二つの名称で示し、その後これらの名称の不充分さを補いたい。

(a)　比較宗教学においてはしばしば、東洋と西洋の間の注目すべき相違点として、インドの信仰は「世界否定的」であり、キリスト教のそれは「世界肯定的」である、という点が挙げられる。この主張によれば、インド的理解では世界は元来、非現実的なものであり、単なる幻影《マーヤー》の顕現であり、無明《アヴィドヤー》の宇宙的「幻想」であるに対し、キリスト教的理解では世界は「現実の」ものである。この区別は、第一に不正確であり、第二に本質的な点を衝いていない。第一に、あらゆるキリスト教の教化活動において、やはりかの「世界否定的」性向が一貫して内在している、という点が見逃されている。手に把んだ砂とか不安に揺らぐ心のような、束の間の、過渡的な、無常の、空虚なものであると、それどころか確かにひとつの「夢」であり、「虚しい感覚の幻」であると、西洋でもしばしば東洋におけると全く同様に、人々は世界を判断してきたのである。そのような「世界」からの根底的離反、「世界逃避」が、キリスト教においても第一の要請なのだ。一方で、単なる「みせかけ」と世界を見る理論は、インドでもわれわれが名を挙げた師たちによって、全く同様にきわめて忌むべき異端と断じられてきた。そのような理論はシャンカラの教えではあっても、断じてラーマーヌジャの教えではない。単なる現実という意味では、ラーマーヌジャは世界を断固として肯定する。彼はマーヤーを認める。しかしそれは彼にとって欺瞞ではなく、イーシュヴァラの創造的な不思議な力である。その力によって現実的存在としてのイーシュヴァラが、現実的な諸存在を現存せしめるのだ、とラーマーヌジャは言う。世界を現実として肯定する態度も彼には欠けていない。しかし、いま述べたことにもかかわらず、確かに積極的な世界の価値づけ、常にキリスト教の本質でありつづけるこの価値づけは、彼には徹底的に欠けている。インドは世界の真正の価値を知らない。世界の終局（telos）を知らないからだ。世界は走り続けるが、完成のゴールに向かうのでも、「変容」に向かうのでもない。世界がゴールへと展開すると考えられることはなく、上からの決定によって世界がゴールに到達するのでもない。世界は確かに、創造し、維持し、再び破壊する神の現実の被造物ではある。だが、この創造、維持、破壊そして再創造は、イーシュヴァラの永遠の「遊戯《リーラー》(3)（līlā）」である。全能ゆえにいかなる抵抗もなく、彼の意志《サンカルパ》（saṅkalpa）のみによって、道具や手段なしに演じられるイーシュヴァラの遊戯である。知と美によって貫かれ、しかしそれ自体、自分自身を無限に同じ形でくり返すなかで常に再び消え失せ、新しく生成するため以外何の目的ももたぬ遊戯である。世界はその都度最後には燃え上がる。しかしそれは決して「変容」はしない。

パレスティナの神は、しかし、これらの事物を創り、それらを見て、それらは大変よい、と見られた。そればかりではない。イスラエルの神、そして『新約』の神は、実際この世界を、途方もなく価値づけて創った。背信も悪魔も世界からこの価値を奪うことはできない。それは、比較を許さぬ決定的価値づけである。神自身の現実化ではないにせよ、神自身の栄誉の現実化、つまり、時の終り、すなわち神がもたらす最終的完成の時における、神の支配の現場であり対象物であるとする決定から生まれる価値づけなのである。

ここではじめて、創造主という観念がこの宗教自体の真正の必然性とならねばならぬこと、その結果、インドにおけるのとは別の何かが生まれていることが明らかとなる。インドでも創造主という観念は存在する。しかも純粋に宗教的に、つまり、シュライエルマッハーが絶対的依存の感情と呼ぶところのものから生まれている。しかし、インドのこの観念は、本来、救済の思想自体から生まれるのではない。というのは、イーシュヴァラのもとでの永遠の救いにとっては、本来、イーシュヴァラが力を持ち、救われる者の流れから、永遠の漁師として個々人の魂を救いあげ、彼の恩寵の網へ拾い入れてくれることのみで充分であり、そのためには世界統治者であれば充分だからである（ヴィシュヌ派の教団を除くいくつかの有神論派は、こうした主張で満足している）。一方、キリスト教の神は世界の不可欠な創造主である。キリスト教の救済の理念はそこからこそ生まれる。すべての事物が「彼に」属しているからだ。単なる個々の魂（我）ではなくすべての事物が彼に属するゆえに、すべての事物は「彼によって」そして「彼から」生まれる必要がある。ここでは神の創造主たることは、単なる絶対的依存からではなく創造（活動）の目的（telos）から生じている。来るべき「神の王国」において神の栄誉のあり場所、展示場となるという目的から生じているのである。

(b)　さらに、アウグスティヌスはかつて「自分の本来知りたいことは何か」と自問した。すると彼の魂は「神と魂のことだ」と答えた。彼はその魂に再び問うた。「他には」。答えは「なにもない」だった。この会話からわかるのは、ここでは宗教がもっぱら神と魂自身の間の関係として、他のすべて、世界とか、環境とか、同時代人たちのことを無視して理解されている、ということだ。このような理解は、宗教的観点から個人の魂の神に対する関係以外の他のすべてが捨象されている、という意味において「無宇宙論的《アコスミスティシュ》」である。

ある重要な契機を意識的、一面的に表明した公式として、そのような言い方はキリスト者にとって可能である。この契機が時として著しい一面化の中で強調され際立たせられることは、全く有益なことだ。しかし、もし神と魂というこの契機をそうした一面化の中に固定しようとするならば、その契機は実際「インド的」なものとなり、キリスト教的ではなくなってしまうであろう。

　献信の宗教も、確かに、ヴィシュヌを見出しヴィシュヌの救済へ到達した人が、世界に対して、とりわけ同時代人の社会に対して、それまでとは異なった新しい関係をもつことを認めている。これは感動的に表現されている。すなわち、「神秘的歌い手《アールワール》[*3]」のひとりナンジヤルは言う。「ひとりの人間が敬虔であるか否かを見わけるための目印がある。もし他人が不幸に陥ったとき、おまえの胸がその人に対する同情で揺り動かされるか否か、その人とともに苦痛を感ずるか否か、を見てみよ。前者ならばわれわれは神と結ばれていることを確信できるが、後者ならばわれわれは神から拒否されている」。

　この言葉は、「ヨハネの第一の手紙」の第四章第二〇節を思い起こさせる。

　「神を愛している」と言いながら兄弟を憎む者は、嘘つきである。

とは言え、両者は、やはり、大きく異なる。というのは、インドの発言の意味は、もしわれわれが仲間の世界にいるのであれば、そのようなことが起きるであろう、というのであるからだ。だが、神に奉仕できるためにはわれわれは他者への関係の可能な世間にいるべきであり、いなければならない、とインドで要求されることはない。なるほど献信の教えに従う場合でも、救済された生の意味はすでに見たように神に対する奉仕であり、この奉仕は、至高の、最終的なそして唯一の目的として絶えず讃えられ、期待される。しかしこの奉仕は実際、他者が介在しなくとも純粋に魂と神自身との間のみで実現されうる。そこでは両者以外にその中で務め（奉仕）が行なわれるところの対象も領域も要求されない。キリスト教における神への務めは必然的にそのような領域を含んでおり、「共に被造物たる人々の世界」を含んでいる。そのことは、ヨハネが先ほどの言葉に続いて次のように言う時、際立ってはっきりする。

というのも、その人が目に見える兄弟を愛さないというのに、どうして見えぬ神を愛することができようか。

ヨハネは、「見えるもので鍛えられ検証される愛がはじめて、見えないものに対しての愛へと高まり得る」ということを言っていると思われる。ともあれ、キリスト者にとっては、神へのあらゆる務め（奉仕）は、その人の奉仕の意志を証するような領域と可能性を同時に与えてくれる対象に対して実践されるのでなければ不完全である。なぜならそれらの対象はその人自身と同じく神的な目的の対象であるからだ。そのような領域として、キリスト者は必然的に自己の外側あるいは隣りに「周囲世界」を必要とする。献信者にとっては結局あらゆる「世界」からの完全な脱出が最終目標であるのに対し、キリスト者にとってそれは彼の務めの領域の半分を占めるにすぎない。「天国」におけるわれわれの成就すら「聖徒の交わり（communio sanctorum）」――そこには神への完全な愛と、恩義を受け共に救済される者への愛が同時に存在している――としか考えられない。――ところでそのような人間の周囲世界への価値づけは、その世界が神の望む奉仕の証明のための領域であり対象である限りにおいて、さらに広い意味における「世界」一般にも通用するのである。

四　〔アルブレヒト・〕リッチュル〔一八二二―八九年〕の有名な「楕円」の図はこの局面で示唆的だ。彼は、魂と神との宗教的関係は、神というたったひとつの焦点をもつ「円」に喩えられるべきではなく、神と世界という二つの焦点をもつ楕円に喩えられるべきだ、と言う。しかし、ここでの彼の主張については補足が必要だ。つまり、彼はある人の神への関係が世界を「克服する」力をその人に与える、と主張しているのである。この意味ではしかし、この公式はインドの教理論が、献信者の教理論にしろ、神秘的一元論者のそれにしろ、古来全く適切な表現でくり返してきたものである。というのは、神秘的一元論の解釈によれば、「神」つまり永遠のブラフマン、そしてそれが司る救済によりまさに「世界」が克服されるからだ。「克服さるべき世界」のもたらす抑圧とそこからの解放は、まさにそこをめぐって神秘的一元論や他の神秘説が回転する軸なのである（この契機はリッチュルが「神秘主義」に対する彼の戦いにおいて見逃したものである）。不二一元論者《アドヴァイティン》の救済理論はこの意味で徹底的に「楕円的」である。輪廻の中にある世界がもたらす災厄と、超世界的なるものとの一体化《エーカター》による輪廻からの解放とが、この宗教の偉大なテーマである。全く同様に献信の宗教もまた「楕円的」である。この宗教は非人格的なブラフマンからは遠く離れており、世界の現実性を強く主張するとはいえ、世界はやはりこの宗教にとっても克服さるべき「鎖」に過ぎない。この宗教は決して、われわれが三(a)で示唆したような、あの世界の「価値づけ」を見出さないし、またわれわれが三(b)で見たようなあの世界の「意味づけ」をも見出さない。キリスト教における「楕円的な」世界の価値づけはしかし、三(a)で述べたよりさらに深く、強い。われわれキリスト者にとって世界は、まず第一に人間の社会として、神の意志に対する奉仕の場であるという測り知れぬ価値を有する。

キリスト教は神に対する務めとしてただひとつ人間と周囲世界に対する奉仕のみを知っているのだ、と主張するならば、それもまた疑いもなく一面的な主張となろう。全くの「孤独」の中で魂が神との間だけで行なう神に対する奉仕も実際存在する。まわりのすべてが、人間や周囲世界さえもが消え失せ魂のみが中央にあって神の裁きと恩寵を全く自分のみで甘受し体験するために、魂が自らの罪や過失といっしょに神の前に立つ、といった場合である。そこではキリスト教にとって本質的なものであるはずのあらゆる集団的関係すら、個人的な極に場をゆずって後退している。他者への関係が退いた所では、魂は称名や称讃、祈り、帰依、沈潜の形で神に奉仕することができるし、そうすべきである。だが、ただひたすらそうであるならば、それはキリスト者の魂にとっては病気である。それは神に対する「神秘的信仰態度」によってのみ生ずる病気ではなく、神に対する素朴な信仰や愛や畏敬の中にも等しく起こりうる病気である。

五　真正の完全な奉仕のために絶対必要な場という意味で世界は信者にとって必然的なものである、とする世界のこのような「価値づけ」は、単に人間の環境としての世界に関連するのみならず、広く世界の現実、世界の出来事全般に関連している。キリスト者は、十字架を前にしての「自己検証」の場、奉仕における誠実さを訓練し、自己陶汰しつつ学ぶ過程での自己検証の場に出会う機会一般として世界を必要とする。キリスト者はさらに神が望む使命、隣人の幸福あるいは苦痛とか隣人への奉仕とは関係なく、彼の成熟しつつある価値判断から使命と認め、「神の意志」に含まれると思われる使命を、そこにおいて遂行することを可能にする素材として世界を必要とする。例えば、われわれが世俗的倫理においては集団および個人の「文化的文明的使命」と呼んでいるものを果たすための素材として、世界を必要とする。このことは、キリスト教の価値感情の発展、時とともにより成熟してきた展開の中に示されている。すでにパウロが、預言者やイエスの説教の中で強調されている純粋な愛の価値や人の心の純粋の価値を、「フィリピの信徒への手紙」（四・八）において「価値あるもの」を列挙することによって意味深く把えてみせている。

すべて尊ぶべきこと、すべて正しいこと、すべて純真なこと、すべて愛すべきこと、すべてほまれあること、また徳といわれるもの、称賛に値するものがあれば、それらのものを心にとめなさい。

世俗的な労働を、人間のわざ（行為）の神の望む形として承認することもここに属する（「テサロニケ人への第二の手紙」三・一〇）。労働は、ベネディクトによって「祈りそして働け（Ora et labora）」というモットーの形で、祈り、崇拝、沈思などによる情緒面での奉仕と並べられた。このモットーにおいて労働の評価が単に禁欲の手段でなく、服従行為のための価値ある「場」とされている点に、禁欲の手段は充分知りながら労働を尊重しないインドとの対照が見られる。同様にしてルターも市民的職業を新しい従順（nova oboedientia）が遂行されるにふさわしい本来的な「場」として価値づけた。このような路線はしかし、価値理解がますます成熟するなかで、人間関係一般の合理的な形成過程における個人あるいは集団の労働が肯定される場合、および社会、教養、科学やその他の「文化上の」もろもろの財の形成が、使命として認識され、キリスト者とキリスト教団の良心にふさわしいこととして体験され肯定される場合にのみ継続する。社会的文化的倫理学は発展したキリスト教にとっては不可欠であり、すでにトマス〔・アクィナス〕が壮大な倫理学を作りあげている。献信の宗教の神学者たちはしかし、決して社会的文化的倫理学を考えなかったし、彼らの宗教の動因からいって、そのことに思い至ることはない。

深く内的な必然性から生まれて、西と東の間に存するこの相違に気づいたのは、単にキリスト者ばかりでなく、洞察力を持つヒンドゥー教徒もそうであった。それに対する彼らの態度は三様である。わたしが往々出会った人々は、相違を感じ、彼らの宗教に欠けている点を

右手に棒、左手に円輪を持つヴィシュヌ（デリー国立博物館）

ヴィシュヴァルーパ・ヴィシュヌ（あらゆる姿を採ったヴィシュヌ）（チャング・ナラヤン寺院（カトマンドゥ盆地東端）の境内）

遺憾に思い、近代的人間として批判的に彼らの伝統に背を向けた。あるいは、疑いもなく彼らの伝統には存在しないものを伝統にとり入れようと努力する人々もいた。しかし第三の場合として、相違を認識しつつ意識的にインド的態度を肯定し、われわれの立脚点からは欠点と見えるものをまさに東の西に対する決定的優越として強調する人々もいた。この場合の答えは次のようだ。「それこそがまさに君たちを最も深いところでわれわれから隔てるものだ。君たちは「道徳」や「倫理」や「文化」や他の同じようなものを求める。われわれはしかし「それを越えて」いる。というのは、われわれはもっと大きな全く別のものを求めているのだから。われわれは「救済」を求めており、救済以外の何物も求めてはいない。われわれは神自身に、神のみに仕えたいと思う。神以外の、あるいは神と並ぶ何らかの世俗的目的に仕えようとは思わない」。このようなイーシュヴァラへの奉仕は、献信の宗教においては仮借なく重い主題である。その奉仕のあり方は二様であって、ひとつはバラタ王子の主ラーマ王子に対する奉仕のごとくである。(4) バラタ王子は完璧な奉仕精神から自らの意志をすべて犠牲にして、ラーマ王子の意志を実行した。その「根拠」(例えば命じられたことの目的といったような)とか(命令自体の持つ価値によっての)「命令の適合性」を問うことはしないで、純粋な服従意志から行なった。他のひとつはラーマ王子の弟ラクシュマナの行なったような奉仕である。彼はバラタ王子のように家に留まらず、ラーマ王子と密接な関係を保ちながらラーマ王子の行き先に従っていった。彼が単なる服従の行為に留まらず、主との一体性を堅固に保つことで同じことを達成した点に、バラタ王子の奉仕との違いがある。二つの奉仕はしかしながら、それが全く神の「要求」に服従していること、隣人愛とか、職業、仕事の領域、あるいは他の領域など、自立的な知覚－価値領域における自らの自律的な認識や承認なしに服従することでは、同じような特徴を有する。このような奉仕は、たとえ全く知覚をもたず自身の内に価値をもたぬ者でも命ぜられれば遂行し得るかもしれない。例えば、千年の間一本足で立つとか、他者とのすべての絆から離れて神の瞑想の中にひとつの永遠をなし遂げるとかである。そのような奉仕は世界を全く必要としないし、世界に価値を与えない。つまり、この種の奉仕は、神の意志の純粋に「ヌミノーゼ的な*4」価値を、ある偶然的な内容に対する形式として知るのみである。それは、ヌミノーゼ的、非理性的形式をわれわれの価値認識の理性的内容で満たすことによってはじめて生ずるところの「聖性（sanctum）」の価値を知らない。

六　わたしがここですこしばかり戯画化していることは喜んで認めたいし、力説もしておきたい。特色ある様相を強調して際立たせることは、それ自体常にいくらか戯画的なのだ。また、わたしは、自分がインド学者たちによってしばしば持ち出される、インドの宗教は「反道徳的」とは言えないにしても「無道徳的」である、という主張に徹底して反対であることも同時につけ加えておこう。そんなことはインドの極端な神秘主義にも決してあてはまらない。その種の神秘主義がその純粋な代表者たちによって担われる場合には、これらの人々にとって次のことは自明なことである。――「解脱者《ムクタ》（mukta）」すなわち救済へと至った人は、まさにそのために「魂に反する快楽」つまり情熱や不純な行為などの領域を超越してしまうこと、その人はまた他のあらゆる障害を遠ざけること、好意にあふれる親切な人間で、「他の人々の幸福を喜ぶべきであること（anyasya hite ratah）」。救済へと至った人は、自身の神秘的体験の力により「おのずと（eo ipso）」そのような存在となるのである。わたしは自著『西洋と東洋の神秘主義』（一九二九年版、S. 162）（『西と東の神秘主義』華園聰麿・日野紹運・J・ハイジック訳、人文書院、一九九三年、一六五頁）の中で『バガヴァッド・ギーター』の賛嘆すべき倫理について述べたが、そこでは倫理は人格神イーシュヴァラの名で告げ知らされ、要求されている。誠実さ、人間や他の生物に対する礼節、純潔、夫婦の貞節、あるいは「徳でありまた讃美の的である」あらゆるものの本来の高貴さが、インドの地で深く感じとられ、その際立った事例がこれまで何度も現実に存在してきたことは疑いを入れない。ナーシク市のラーマ寺院で説教を聞く機会があったが、それはインドの神話的歴史書プラーナ（purāṇa）から或る古い事例を取りあげつつ、生命を犠牲にするほどの「誠実の義務」を、深く感動的なやり方で強烈に印象づけるものであった。しかし、確かに、われわれが指摘したような相違は存するのであり、『ギーター』にも見られる。『ギーター』は、「お前が同朋の世界の中にいる時にも、イーシュヴァラの掟は妥当するし、その掟はイーシュヴァラのお前に対する命令である」[*5]と教えるが、しかしそれは、イーシュヴァラに仕えるためには世界や世界内関係が必須である、という意味ではない。もし敬虔な人々の神に対して行なわねばならない奉仕《カインカルヤ》（kaiṃkarya）の内容を記述するとすれば、その奉仕の根源的本質としては、感謝、歌や語りによる讃美、瞑想、崇拝、神に対する愛や信頼の中での感情の高揚、専念の修練などを強調することになろう。魂がただ独りで（*μόνος πρὸς τὸν μόνον*）神と関わる場合にもあらゆることが登場するであろうが、決して『旧約』や『新約』におけるような隣人や世界との関係は登場しないであろう。

インドもまた隣人たちとの正しい交際の「黄金律」を知っている。

na tat parasya saṃdadhyāt pratikūlaṃ yad ātmanaḥ.

自分にしてほしくないことを、他の人にするな。

しかし、ここではキリストがなによりも大切なものとした黄金律の積極的形式が見出されないことが特徴的である。

お前が人々にしてほしいと望むことすべてを、お前が人々にせよ。

さらに一層特徴的なのは、インドではあれほど豊富な不殺生や慈悲についての諸要求が、われわれのところでは、活力《エネルギー》とか、福音主義の偉大な愛の律法において神への愛が端的な自明さで隣人愛と解きがたく結びあっている、そのような結びつきの自明性とかの背後に徹底して退いてしまっていることである。「もうひとつの法（つまり隣人愛の法）はそれ（つまり神への愛の法）に等しい」という証言は、献信の神学者には全く冒瀆と思えるであろうが、福音主義においては、神への奉仕はその行為をなすためのこのような「場」なしには考えられない。献信者にはそのような言葉は神の矮小化のように思えるに違いない。

七　これまで述べてきたことは、東洋と西洋の精神的態度における根源的相違と関わっていると思われるので、そのことに少しなりとも触れておきたい。インドの「歴史」に対する関心のなさがこれまで非難されてきた。西洋では歴史への関心ははるかに強く、はるかに方法論的に深く存在している。この非難は大きな制限つきでなければ妥当しないが、何らかの真実を含んでいる。キリスト教はそれ自身本来的に「歴史」、つまりそれ自身はむしろ純粋に世俗的な概念である歴史に関心を持っている、と主張するならば誤りであろう。しかし、確かにキリスト教は歴史をなんらかの「神の仕業」と見なして常に関心を払って来た。『旧約聖書』の歴史記述はすでにそのような種類の神学上の主導理念に満たされており、本質的に全くそのような理念の下にある。歴史を、民の離反と従順に対する神の裁きと恩恵の事例によって示される神の陶冶として理解すること、キュロス[*6]の登場といったような大きな歴史的事件の意味を、神の終末における救済目的への奉仕の一部として理解することなどはこの路線の上にあるものだ。このような傾向は、アウグスティヌスの『神国論（*De Civitate Dei*）』の偉大な「歴史哲学」の中に壮大に示されている。この著書の中でアウグスティヌスは、彼のよく知っている歴史、とりわけローマ帝国の歴史を神的目的論の立場から意味づけようとしている。それは歴史としての歴史（Geschichte）への関心ではなく、出来事（Geschehen）の意味深く連関した統一的結合体としての諸事件への関心なのである。もしこの関心が世俗的なものであるならば、それは「編年史（Historie）」になってしまう。そうなれば、超越的業績のかわりに、出来事自体に内在する目的論といったような理念が登場し、最後にはそこから一種の「精神の自己実現」、あるいは未来国家のイデオロギー、あるいは「文明の勝利」といったものが生まれるだろう。しかし西洋は、もし最初から或る神学的意味づけの作用のもとになかったら、おそらくこのような、あるいはそれに似たような理念を実際に発展させることもなかったであろう。神学的意味づけがあればこそ実際、世界は神の世界として、永遠の使命（Bestimmung）という尊厳を有するのである。世界発展の「合理化可能性」への破壊されることのない確信とか、社会主義の「唯物論的歴史観」の持つ社会的あるいは一般的文化的理想の最終的勝利への破壊されることのない確信とかは、世界と人間と人間関係が、ひとつの可能な、それどころか必然的な神への奉仕の場であるという信仰が先になければ、生きのび難い。

八　われわれは段階を追ってより深い淵へと降りてゆく。というのも、これまで述べてきたことのすべてはまだ、到達しようとしている最奥部までは達していないのだから。「恩寵の教義」においてわれわれは最も著しいいくつかの類似点に出会ったのだが、一方、まさにここにおいて最も著しい相違もまた存在しているのである。

全く堕落してしまった者の救済、望みも価値も失った者の、自力あるいは奉仕によるのではない、自由な測り知れない選び救う恩寵のみによる救済——それが彼の地でもわれわれの所でも説かれる。彼の地でこの体験がどのような繊細さと深さ、どのように力強い謝恩と至福の想念へと到達しているか、をインドの内面的な讃歌は示している。ヤームナの深遠な言葉——彼の『三つの証明』から選んだいくつかの言葉を補説に挙げておいた[5]——も、それを驚嘆すべき方法で示している。ところで、ここでもわたしが先に述べたことの正しさが証明される。すなわち、そのような救済の体験を語る言葉をその関連や連想から、同時にその本来の土壌から切り離して、それらを吟味もせずわれわれ独自の方法で意味づけてしまうことは不都合だ、ということが証明されるのである。

「堕落した者の救済」——この言葉をキリスト者が使う場合、その人は主として、そして第一に何を考えているのか。罪悪へと、罪過へと堕落していることからの救済、良心の不安(terrores conscientiae) からの、神とその尊厳に直面した良心の不安からの救済を考えているはずであり、そうでなくてはならない。では、インド人がこの言葉を用いる時、主として何を考えているのか。彼らはその全伝統にふさわしく、救済とか解脱を、「拘束」からの、つまり輪廻やその網目に拘束されていることからの、この輪廻世界の悲惨からの、存在から存在へとめぐる魂の苦に満ちた「生と再生の輪」からの救済や解脱を考える。極端なヴェーダーンタ神秘主義の「古典的」神学ではそうなっているし、また実際、献信の宗教においてもそうである。二つの宗教がその本来の核心としてそれぞれをめぐって動くところのかの「異なった軸」を問題とするかぎりでは、この相違は根本的である。この前提条件は明記しておかねばならない。さもないと誤った解釈がもたらされるであろうからである。ただし、そのような解釈に対して、インド人は容易に彼ら自身の聖典の叙述を引いて反論することができよう。無論、彼の地では罪ある過失の理念や良心の重みが欠けているというわけではない。罪、罪の赦し、良心の叱責、しかも宗教上決められた良心の叱責などが役割を示さないような高等宗教は全く存在しない。大乗仏教においてすら、罪の赦しを願う感動的な祈りや、永遠の仏たち、あるいはかの本初仏（Ādibuddha）に対する罪の告白が見られる。献信の宗教にはそのような告白はとりわけ数多い。ヤームナは次のように祈る。

終わりなく　始めなく
止みがたく　熱烈に
罪のうちに　私はさまよう
人の形をした獣　不正の住処
おお恩寵の潮よ　父よ
尽きることのない　慈悲の海よ
クリシュナとなって　あなたはかつて

チェーディの国の男に(6)　憐みをおかけになり
おお　優しき方よ　かの王と交わりを続け
　侮辱を　おゆるしになりました
お教えください　かの王ほどの過ちに対して
あなたになお　恩寵は残っていましょうか
もし今わたしが　無骨な手で
乞い願いつつあなたに近づき「私はあなたのもの」と言いつつ
あなたの誓い（『ギーター』の末尾の頌における）を思い出させたら
あなたは私にだけ　信義を拒まれるでしょうか
恩寵をお与えください
　そして　罪（Schuld）をお数えにならぬように[*7]

同時にまた、モークシャすなわち「解放」が、インドにおいて、単に無常な苦に満ちた存在たることへの拘束からの解放を意味するだけでないことも事実である。そうではなくて、もし「心の結び目」――それによってこそ人が輪廻に繋がれているところのもの――が、秘密に満ちて内部で作用する「恩寵《プラサーダ》（prasāda）」によって解かれるとすれば、まさにそのことによって、人は同時に価値のない、反価値的な存在たることへの拘束からもまた自由になる。というのは、すでに詳しく述べたように、ここでも人は確かにひとつの「改宗」（それはここでもまた受動的改宗（conversio passiva）である）を認めるからだ。それは罪の輪廻から自由への「改宗」、快楽や利己心やあるいは煩悩から、アスラ（非天、阿修羅）的なもの、すなわち輪廻する悪霊的な存在たることへと人をつなぎとめた煩悩（kleśa）から、献信しつつ神のもとで逍遥することへと至る「改宗」である。この「貴婦人のごとき献信」の装いを表現しようとして、ある説教師は次のように言う。

信仰が彼女の香油であり、主の物語を聞くことは彼女の化粧品である。心で主を想うことが彼女の湯浴みであり、それは四肢から心の驕りという汚れを洗い流す。憐みは彼女のハンカチ、恭順は彼女の衣服、不変は彼女の香り。主の御名は真珠の帯、神とその侍者への服従は彼女の耳飾り、心の祈りは彼女の指輪。敬虔な人々と共にあることはアイシャドウ、そして（主への）愛は深紅色の口紅。

神クリシュナは『ギーター』[*8]の中で言う。

人は「信仰」より成る。人が信ずるあり方こそが、その人のあり方である。

そして彼は続ける。アスラ的なものを「信ずる」人は、彼の信仰そのものによってアスラとなるが、主を信ずる人はその信仰によって主にふさわしくなる。[9] さらに、ラーマーヌジャは『ギーター』の頌、

ただ私だけに（献信によって）全く帰依する者
その者は　善人と考えられる
たとえ　行ないの極悪のものであっても[10]

に対して次のような註釈を加えるが、この註釈は「信仰によって義とされること (justificatio per fidem)」に近いことを述べている。すなわち、

いかにしてそれが可能か。信仰における彼の固い確信があるゆえにである。そのような信仰にはすべての人が達し得るわけではない（それは恩寵の恵みであるから）。主のみが世界の原因であり、導き手であり、至高なる主、わが支配者、わが友、わが最高の救

済である、とそのように信ずる人は、実際、将来にわたって善き、正しき者である。[*11]

もし人が献信の宗教を「悲観的に」把えた世界とそこでの居心地の悪さから逃げ出そうとする単なる幸福主義的衝動のように受け取るならば、献信の宗教の内奥の精神に対して大きな不正を働くことになる。インドの人々がそのような誤った衝動へと、天国の喜びの鮮かな描写によって誤り導かれる可能性は、われわれのパピアス[*12](Papias)がわれわれキリスト者に対して約束するあの楽園の巨大なぶどうによってわれわれが道をあやまる可能性と同じ程度でしかない。献信と神ナーラーヤナそのものが本来的な救済財なのである。理解不能な、無尽蔵な愛に受け入れられて「ヴィシュヌと対面する喜び」の中で至福になること、それが「救済」と考えられている。

しかし同時にこのことはまだ、献信の敬虔主義の中にかくされている或る種のより深い価値の単なる情緒面での成果に過ぎない。それに関してはなお、さらに適切な表現がある。献信の敬虔主義の底には、常にインドの最も古くて深い救済探求そのものの力強い遺産が存在しており、もし人が、献信者にこの究極のものを問うならば、答えは次のようなものであろう。「パラマ・アートマン(最高我)自身との一致を通しての、またその中でのアートマン(我)の解放と完成」、個我としてのアートマン(ātman)と宇宙我としてのアートマン(Ātman)とに関する教説、後者による前者の救済——それはまたラーマーヌジャの教義の最終の意味である。インドの古代の個我に関する稀に見るほど冷静な概念は、彼の場合には情緒に満ちており、献信や、信頼とか愛とかの献信の情緒作用によって生気を吹きこまれている。新しい重要な内容が加わったのである。しかしその内容は同時に、インドの原初的な個我（アートマン）の概念のもつ偉大さを、その高度な精神性の次元から——同時に——高度な奇跡の次元からあまりに低く、激情的な、時としてはセンチメンタルにすらなる感情生活の領域へとひき下げてしまう危険をも冒した。

「個我《アートマン》」とは何か。それは「精神」であり、「光」であり、原質《プラクリティ》（prakṛti）の中の「暗質《タマス》（tamas）」の反対物である。それはわれわれの中にある永遠なるものである。否、それはこれらすべてより以上のものであり、把えがたき奇跡なのだ。

āścaryavat paśyati kaścid enam,
āścaryavad vadati tathaiva cānyaḥ,
āścaryavac cainam anyaḥ śṛnoti.
śrutvā ʼpy enaṃ veda na caiva kaścit.

一人は　それ（個我アートマン）を奇跡と見、[*13]
他の人は〔見ることなく〕奇跡としてそれを語る

第三の人は　その「奇跡」のことを聞き〔語り伝える〕
けれど　たとえ聞いたとしても〔それで〕それを知ることはできない
（というのも　言葉によって直接それを知るのは　見た者　体験した者のみだから）

「個我」（アートマン）は、「梵」（ブラフマン）や「最高我」（プルショーッタマ）と並んでインドで最も荘重な言葉である。

　このアートマンはしかし、輪廻においては、「最高のアートマン」と共にいないが故に堕落している。「圧迫され」、自分を見失い、自身の奇跡の尊厳を失って、個我は無始無終の拘束の中でさ迷っている。この個我（アートマン）が「解放」されること、それ本来の本質において自由になること、個我が——ここでもそう言えると思うが——その元の状態へ戻ること、そのことが救う力をもつ恩寵の、そしてまた献信の最後の最も深い意味である。アートマ・シッディ（ātma-siddhi）、つまり個我アートマンが自分の存在の永遠の意味としての最高の自己自身たる宇宙我ブラフマンと共にあること、によって達成される「自己」の実現——それはまた真の存在するもの（sat）への到達、死から甘露《アムリタ》（amṛta）への上昇、古来の祈りの言葉でいえば「暗」から「光」への移行、などと表現されるものの意味でもある。それは、すでに何度も説明したとおり、単なる「世俗的幸福《ウダヤ》（udaya）」ではなくてシュレーヤス（śreyas）つまり救済そのものなのである。

このインドの強力な原初的着想は献信の宗教においても決して忘れられていない。この宗教の敬虔主義的な上部構造の、時としてあまりに神人同形同性説的な観念を破って、繰りかえしそれらの原初的着想は顔を出してきた。あえて予言すれば、インドの精神状態の新しい関係のもとでこの宗教に新しい出芽が授けられる場合、おそらく、まさにこの本来の原塊（原初的着想）がまるごと再び光の中へもたらされるであろうし、また多分、その着想はこの献信という信仰方法のさらに高度な実現を新しい宗教に与えるであろう。それへの兆しはすでに現存している。個我アートマンと最高我パラマ・アートマンに関する人格的把握をもつ献信の宗教は、インドにおいて人と人格が以前よりもはるかに重要視されるような時代には、非人格的ヴェーダーンタの学派に対して優位に立つであろう。

一方、キリスト教の恩寵の概念も決して「不信仰なものの義認（justificatio impii）」の中に尽きてしまうものではない。世界の悲惨という神を離れた状態からの回帰とか、「義認（義化）と聖化」という客観的価値を達成する救済ばかりではなく、「至福」や「満ちたりて生きること」などの主観的価値を達成する救済をもキリスト教は知っているし、望んでもいる。精神と人格、拘束からよみがえるはずの精神と人格もまたキリスト者において「神の似姿（imago Dei）」である。破滅つまり無常性から「生命」という「常住なる存在」へと救出することは、キリスト教の救済財の本質的側面でもある。

教会史の中で、キリスト教の軸が移動するように見え、古代東方の教会におけるような破滅からの解放が、すなわち「不死の薬（pharmakon tēs athanasiās）」を得ようとする努力が中心概念になろうとするように見えたいくつかの時代があった。それらは無論、「曇り」の時代であって「晴れ」の時代ではなかったが[7]。「生命」とか、「真実の存在」とか、「充実した生」もまた、常にキリスト教の救済の必然的側面である。キリスト教的意味におけるそれらの真の関係をルターは、彼の小教理問答書において簡潔明快に述べている。「罪の赦しのあるところ、そこにはまた生命と至福もある」。そこでわれわれは次のように言おう。「インドにおける罪の理念の欠如、あるいはキリスト教における「生命」の理念の欠如が問題なのではない。そうではなく、原理上の軸の転移が問題なのである」と。

古代インドにおける救済探求の軸は、インドの古代の祈りの中で次のように示されている。

asato mā sad gamaya.
tamaso mā jyotir gamaya.
mṛtyor mā 'mṛtaṃ gamaya.（『ブリハドアーラニヤカ・ウパニシャッド』一・三・二八）

非存在から存在へ　私を導き給え

暗から光へ　私を導き給え
死から不死へ　私を導き給え

一方、パレスティナの宗教の基本的モティーフは、聖書の至言、すでにモーゼに授けられた至言の中に次のように述べられている。

わたしは、聖であるから、あなたがたも聖でなければならない。[*14]

この相違によって二つの宗教の典型的差異がつくり出されている。二つの宗教が互いに他方のモティーフを同じように随伴的要素として所有していることによってこの差異はなくなりもしないし、単なる程度の違いとなるわけでもない。もっとも、後の時代の献信の宗教は赦しと内的更新の深い理念を、そして後の時代の『新約聖書』と教会の宗教は、存在と非存在の、無常なるものと「永遠にとどまるもの」との深い理念を所有しているのではあるけれども。

インドにおいて「罪」の理念が欠けているわけではないけれども、西洋におけるような深さや重要性には決して到らなかった、ということはまさにこの典型的差異と関連しているのであるし、この差異を確認した上ではじめて論じられうる事柄である。「罪がどれほどの重さであるか（Quanti ponderis sit peccatum）」を測ることは、献信の宗教では内部構造が異なっているゆえに不可能なことであった。

　このことに関しては、たとえばサンスクリット語において「罪（Sünde）」とか「悔い改め（Reue）」とか「贖罪（Buße）」とかにあたる完全充分な用語をさがすのがいかに困難か、を知り、「再生」という語がここでは、「精神的な新生」とは全く別なものを指していることを知ることが教訓的であろう（再生《プナルジャヌマ》（punarjanma）とは、まさしく、輪廻《サンサーラ》の鎖につながれて常にうまれかわる存在、という災厄への再生である）。「煩悩《クレーシャ》（kleśa）」という語を「罪《ズュンデ》（Sünde）」という語で翻訳できるかもしれない。クレーシャはしかし、動詞語根クリシュ（√kliś）から作られた語で、本来は「難儀をかける」という意味である。クレーシャとは、束縛された個我アートマンが輪廻への束縛の中で悩まねばならぬ難儀のことであり、世俗に在る者のあらゆる苦悩や不幸である。それを述べるのに、仏教を含むあらゆるインドの宗教は疲れを知らない。煩悩（クレーシャ）は、神学用語の公的定義では、とりわけ快楽や苦痛の感情による精神の曇りである。それらの感情が精神を縛るのであり、それらの感情をのり越えて解脱者《ムクタ》（mukta）が生まれるのである。イーシュヴァラもまた、それゆえ第一には「煩悩に悩まされぬ者《アクリシュタ》（aklishta）」である。というのは、彼は絶対的な「束縛されぬもの」であり、経験的な快楽あるいは苦痛の感情に捉われてはいないからである。クレーシャによる「曇り」に対しては、その反対物として本来、聖なること（sanctitas）があるのではな

ガルダ鳥（向かって右）とラクシュミー女神（向かって左）を伴うヴィシュヌ（チャング・ナラヤン寺院（カトマンドゥ盆地東端）の境内）

く、清明なること（serenitas）、つまり、経験的な感情の要素という波の動きに曇らされたり動かされたりすることのない、束縛から解放されたアートマンの「静けさ」が存するのである。アートマン＝ブラフマンは、ここでは「最も聖なるもの」というよりむしろ「最も清明なるもの」である。それはなるほど全く超越的、非合理的、「ヌミノーゼ的」な価値であるけれども、しかし、それはわれわれの意味における「聖なるもの」ではない。先に挙げた古

ガルダ鳥に乗るヴィシュヌ（チャング・ナラヤン寺院（カトマンドゥ盆地東端）の境内）

代インドのあの祈りが第一のものとして含んでいるサット（存在するもの）という術語に関しても事情は同じである。「真に存在するもの（sad eva）」は人がブラフマンに献げる最高の賞讃である。わたしがすでに『西洋と東洋の神秘主義』の中で指摘したように「サット」（存在するもの）は単なる存在論的な述語ではない。それはまた、ひとつの価値の述語をも含んでいる。それは同時にひとつの理想《イデアール》なのである。しかしながら、「あなただけが聖なるもの（tu solus sanctus）」という信仰告白は、インドでは再び、全く異質な、「文意をなさぬ」ものとして受け取られるに違いない。実際、それは全く翻訳不能であろう。純粋不二一元論者《ケーヴァラ・アドヴァイティン》とかサーンキヤ学派の人ならば、おそらくこの違いの中に不利な点ではなく、まさしく優越を見てとり、次のように言うであろう。「悔い改め」とか「罪の感情」に君たちが価値を置くこと、それはすべて神人同形同性説的である。感情とか心情とかの要素、それらは人間相互の交際とかあるいは法律の分野には属しているかもしれないが、しかしそれ自身、そこから抜け出るべき「曇り」に属しているものである感情や心情の要素の混入である、と。「良心の不安」、刺すような「悔い」、「打ち砕かれた心」、それらはすべて、それ自身が煩悩（クレーシャ）である。それらは「心的」なものではあるが、「精神的」なものではなく、マナス（心）に属してはいるが、プルシャ（霊我）にはふさわしくない。そしてそれらは、再三再四、最も強力に、人を「結びつけ」、妨げる。それらはすべて激質（ラジャス）――個我アートマンが自由に至ろうとするならば破られねばならないところの、人を縛る網――の領域に属している。

ところで、献信の宗教においてもまたあの「本源的に異なった諸タイプの収斂」が行なわれたことに疑いはない。すなわち、クレーシャ（煩悩）とアクリシュタ（煩悩に苦しめられていない者）はここではより深い内容で満たされ、イーシュヴァラは、献信の宗教においては「慈愛の特質（kalyāna-guṇa）の集積」である。しかしながら、それは人がまさしく「高貴な、理想的な特質」一般という語で、正確に翻訳しうるものであろう。「聖なる

(heilig)」というような特殊で全く独自の術語はここでは見出されない。

同じことが「悪（pāpa）」という術語に関しても言い得る。『ギーター』の究極の頌(carama-śloka)、すなわち、その中に『ギーター』の全体が次のように要約されている部分(一八・六六)、

... mām ekam śaraṇaṃ vraja/
ahaṃ tvā sarvapāpebhyo mokshayishyāmi mā śucaḥ

を、ガルベは次のように訳している。

……　私を　おまえの依り所とせよ
私が　あらゆる罪（Sünden）からおまえを救済しよう（erlösen）　心わずらうな[*15]

彼はここでわれわれの、キリスト教の語彙を用いている。より正確な言葉を彼は知らないし、そこで言われていることに最も近い言葉ではあるからである。しかしここにはあらゆる翻訳に不可避な欠点が顕わになっている。つまり、外国の術語は、その国の独自の精神の中でその言語の有する全く特殊な連想や色彩に満ちており、それゆえ翻訳されたそれらの術語

は不正確なものとなる、という欠点である。

すでに動詞根√muc（ムチュ）に対して用いられた「救済（Erlösen）」という語が、この意味で不正確である。なるほど「ムチュ」という語根は、疑いもなく「解き放つこと」、ひとつの「解放」を意味するが、かといって「救済（Erlösen）」のかわりに単なる「解放（Lösen）」という訳をしても適当ではない、というのも確かなことだ。なぜなら、われわれの「救済」が単なる解放一般を意味せず、全く特殊に宗教的な意味における解放を意味するのと同様に、ムチュに関しても、それが宗教的に用いられる場合には同じだからである。ここでもまた全く唯一無二のあり方の「解放」が意味されている。とは言え、ムチュはやはり、キリスト教的意味の救済までは到達していない。というのも、われわれは「救済（Erlösen）」という言葉で赦し（absolvere 解放）、「免罪」の意味での救済を考える。つまり、罪の負い目からの赦免宣言の意味、聖なるものとは対極をなす価値からの解放そのものの意味での救済を考えるからだ。『ギーター』の中ではそのような救済は語られない。それゆえまたパーパーニ（pāpāni）――それからの「解放」こそが約束されるところの「悪」――も、良心の苦悩を引きおこす負債の重荷という厳しい意味での「罪（Sünde）」ではない。そして、王子アルジュナを駆り立てている「心配」も、ルターの言うような「良心の不安」ではない。

シャンカラは、『ギーター』のこの個所への彼の註釈において、この或る意味で絶妙な言葉の意味に関わることは全くせず、パーパーニ（悪）とは無縁なブラフマン（梵）と魂との一体性という理論をこの個所に結びつけて論じている。一方、ラーマーヌジャもまた、われわれが救済とか罪とかに結びつけるような意味をこの個所に与えることは決してない。彼は、この個所の意味を、疑いもなく全く正当に次のように言う。

> 私は、お前をあらゆる「悪」から自由にしよう。初めのわからぬほどの時代からずっと（お前が生まれてからずっと）お前がなさざるべきことを際限なく犯し、なすべきことを放置してきたことによって、お前の上に積み重なり、お前の私へ至る道の途中に立ちはだかっている悪から。

ここで語られていることは、業（カルマン）の暗い阻止力である。認識という障害《ヴィグナ》（vighna）の力であり、イーシュヴァラへの信仰や信頼や愛を破壊する障害の力である。この拘束する力をもつ業（カルマン）は、神イーシュヴァラからの原初的離反に基づいていて、たしかに、われわれの教義が「（世襲の）原罪」とか「アダムの堕落」とかの神話的シンボルによって表現しようとする理念に対するひとつの類似となっている。というのは、業（カルマン）もまた、内なる人間が自ら有する「自然の妨害」、反逆であるとともに内からの反逆をも意味するところのひとつの原理的な理想忌避を含んでいるからである。しかしながら、力点はここでは「原罪」にあるのではなく、「拘束する力（bandha）」にある。[8]悪しき行為や悪しき宿命の業は、東洋では「あらゆる存在を縛る力」である。いかなる人間の力、自力もこの「見えざるもの《アドリシュタ》（adrshta）」の力を解くことはできない。ただ、永遠の「解放施与者《ムクンダ》」のみがそれを可能にする。彼は恩寵の中でこれを行なうことを約束する。もちろん彼は他ならぬこのことによって彼の赦しを与える寛容（カルナー）をも示してみせる。彼は好意的に失策や過失を大目にみる。しかしここで重きを置かれているのは、完全な無気力を克服することであって、「あらゆる邪悪のうち最大なもの」、「悪」なるものすべてとしての罪の汚れを祓う赦しそのものではない。

　さて、一方ではキリスト教の教義においてもやはり「原罪」はひとつの拘束する力であり、不可能、不自由、無力である。救済はここでもまた、強力な「鎖」を解くことである。だが、あらゆる無力以上にはるかに「悪い」のは、ここでは、「罪（Schuld）」自体の重荷である。「罪からの赦し（absolutio a peccatis）」がここでは決定的に始めであり、「解放」はこの始めに対する帰結である。ルターの深い洞察によれば、無力からのそのような解放自体が、体験され心の奥底で把握された赦しの成果であり、効果である。

「律法は諸民族の心中にも書かれているので、彼らはイスラエルの文字になった律法を持たなくても、自身が戒律なのだ」というあの使徒の言葉は、インド以外の場所ではあてはまらぬこともあろうが、インドは、良心の針を知っている。とはいえ、まさにここにわれわれがすでに言ったこと、シュライエルマッハーが「宗教に関する第五の講話」[*16]で示唆した事情が介在している。すなわち、ある宗教の精神は、決定的に軸によって決まるということである。それをめぐってその宗教が動く軸によって、またその軸の中心によって、その宗教の他のあらゆる理念がそこへと真先に集まる中心、その宗教がとりわけ注意を促す中心、その中心からその宗教独自の音調が生まれ、そしてその宗教全体がそこからその個別な「構造」を獲得するような中心によって決まるということ、である。二種の結晶が化学的には全く同じ液体からできるが、その二種は、その異なった軸のシステムによって、それらを構成する形成原理の違いによって、徹底的に異なる特徴と徴候をもつ本質的に異なる形姿であり得る。人はそれらを砕き、二つの物質を混ぜあわせることはできるが、逆に修復してゆくことはできないし、二種の混合から新しい結晶を作り出すこともできない。

同じように、人は、完成した型を持つ宗教の諸特徴の隠蔽や諸派の混合によって真の宗教を作り出すことはできない。こうした理由からシュライエルマッハーが、ある典型の宗教から他の宗教への「漸次的な」移行は存在せず、移行は常に跳躍によってのみおこり得る、と主張するのは正しい。このことは、献信の宗教とキリスト教の関係にもあてはまる。ここで必要な変化は、深く内的な軸の転移そのものである。女性聖者ラマーバイの場合に最も明白に認められるように。この変化は常に内的な革命として実現される。たとえ、意識して人生を生きる人の場合ですら、人生の諸局面における変化ははっきりと跡づけうるものでないとしても。

ゲーテは、個人の形成の秘密を描写しようとして、次のように言う。

……　どんな力も　毀すことはできぬ
生きつつ発展する　刻印づけられた形（Form）を*17

「生きつつ発展する」とはつまり、「法則に従って、刻印づけられた形が歩み出すこと」である。ゲーテはこのことをまず生きた個々の有機体の形成に、それから精神的個の形成に適用する。おそらく彼の主張は、有機的生命体、すなわち、新しい環境の新しい刺激の下では大幅に転換する能力があり、その転換を持前の硬直した不変の能力の消失としてのみ把えるわけにはいかない有機的生命体にとっては、あまりに一面的であろう。たしかにこの主張は、教育、生活の影響、外部からの魂への影響によって、とりわけ宗教的領域では「恩寵」や「再生」によって、「諸遊星の法則」においては予見されていない能力、その法則に妨げられることのない転換の能力を持つにいたる人間的・人格的存在の観点からいえば著しく一方的である。しかしながら、彼が、確かに形を維持している不変の原理を意味する独自な生来の能力に言及しているのは正しい。われわれが「宗教」と名づけているあの偉大な精神的種類の形の形成もこれと似ているのである。

インドの高度な精神的宗教がそれをもって始めとするところの法則、インドの各宗派の限りない相違にもかかわらず、インドから流れ出てしまった仏教に至るまですべての宗派に構造的な原理として固定している法則は、それらの宗教に独特な、偉大で深遠な宗教的直観である。業（カルマン）を、輪廻の鎖の中での休みない再生と関連させて直観し、また、そのような「被拘束性」からの可能な救出の教義である「解脱の法（moksha-dharma）」を直観すること、それらの偉大で深遠な宗教的直観である。解脱の法の理想的あり方として、献信の宗教はイーシュヴァラ――愛を与える神――に対して永遠で至福な奉仕を行ないつつ、イーシュヴァラの救う力をもつ恩寵《プラサーダ》によって個人的救済へと救出されることを考えている。献信の宗教のモットーは従って次の形で与えられる。

お前たちは、世俗に沈み把われている。が、私がお前らをそこから連れ出そう。

イスラエルの預言者の宗教のモットーは、全く異なっている。それはすでに述べたように次のようなものである。

わたしは、聖であるから、あなたがたも聖でなければならない。

　これが、イスラエルの宗教がそれをもって始めとする「法」である。この宗教の「始め（principium）」は、福音書においては、「罪人をさがし求める神」の理念、イエス・キリストに関わるこの基本的直観によってより豊かになっている。それは、パリサイ派の律法主義を破るものであり、パリサイ主義的に形成されていたユダヤ教にとっては革命的であったが、一方、預言書や詩篇に述べられたいくつかの端緒に対しては「成就」であった。この理念は発展して――常に「パリサイ的性質」を持つ刺激の下にであることは注目すべきであるが――「律法」に対して「恩寵」に味方するパウロの戦いとなり、アウグスティヌスのペラギウス[*18]に対する戦いとなり、また、中世の神学や実践によるキリスト教の暗黒化に反対するルターの戦いとなった。罪の赦し（remissio peccatorum）に関する教義、同時に再生（regeneratio）でも聖化（sanctificatio）でもある義認（justificatio）に関する教義によってルターは戦ったのだった。義認は「恩寵のみによって（gratia sola）」、「ただ信仰によって（per fidem solam）」である。その際常に、その最終の形においても、「罪人をさがし求める神」という理念はまさしく「それでもってこの宗教が始まったところの法に沿って」いた。

　かの地では、輪廻《サンサーラ》と梵《ブラフマ》-涅槃《ニルヴァーナ》から束縛《バンダ》と解脱《モークシャ》に関するインド的問題が発展した。こちらでは、イスラエルの預言者たちの懺悔の説教から、全く別種の律法の問題が発展した。ここでは魂は真の「義」を求めて努力する。いかにして義が見出されうるかが追求される。パリサイ人たちもまた彼らの方法でそれを行なったのである。福音が訪れ「パリサイ人のパン種」を追い払う。福音はしかし、この問題により良く、より正確に答えようとして、「パリサイ人たちの義よりより良い義」を示そうとしてそうするのである。たとえ次の言葉が『新約聖書』の中で一度だけ奇妙な、異質な響きをもつ神聖文字として登場しているとしても、福音の神は「生存の車輪（trochos tēs genethliās）」*19から救助する者ではなく、罪人をさがし求め、喜びとともにそれを見出し、かたわらへ呼び寄せる神である。イエスのたとえ話、本源的にイエス的なものであり、自己顕示的パリサイ的ユダヤ主義との彼の闘争を生み出した原因であったそのたとえ話自体が、そのような神を現前せしめるのである。この神こそが「新しい契約」の始めであり、それは一旦見失われた後にパウロ主義とルター主義においてその根本的意義として戻ってきたものである。

手短かに対照させてみよう（避け難い、やむを得ぬ一面化を伴うものではあるが）。イーシュヴァラは、輪廻《サンサーラ》の中で苦悩する者、故郷を失った者の救い主である。「父なるイエス」はしかし、罪にうちひしがれた心、神に直面した良心の救い主である。

九　これらの事情は「良心」という術語の東西の差異に独特に反映されている。もちろんインドの宗教においても「良心」は存在する。われわれが「良心」と呼ぶものは、インドでは「サークシン」、つまり「内なる証人」という語のもとに含まれている。「サ－アクシン（sa-akshin）」という語は「アクシャ（aksha）」から作られる。「アクシャ（aksha）」は眼、あるいは視力を意味し、「サ（sa-）」は「ともに（con-, syn-）」の意味である。「サ－アクシン」（あるいはサークシン）は心理過程の流れにおける「私」としての自己である。自己は、最も新しい諸々の心理過程のまわりに「関知しつつある意識（syneidēsis, conscientia）」を有している（サークシンとは、一般には独自の眼光によって直接ある人の行為を「知る」ゆえに、裁きにおいて「証言」を行なう能力をもつ証人のことである）。「私」は「内なるサークシン」、内なる観察者として、自己の状態、自己の感情や決心を良きにつけ悪しきにつけ自己の行為同様に知っている。この内なる証人は、魂の法廷における恐るべき原告——しかも自分自身の——である。そして確かにわれわれの「良心」という語も「関知しつつある意識（syneidēsis）」という語の複写から生じていて、これは語の本来の意味からいってまず自己自身を全般的に関知しつつ知ることである。だが、われわれのうちで誰がなおその起源を知っているだろうか。この術語は徹底的に独立してしまっている。『新約聖書』の意味におけるシュネイデーシス（syneidēsis）という言葉や今日的意味における良心という言葉の下で、あのサークシンの意味する内的自己認識という一般的現象全体を理解しようとは、われわれは思いつかないであろう。そのような事情は、しかし、インドにもある。「良心」は、ここでは特別な唯一無二的現象であるとは考えられてこなかった。それゆえそれは、それにのみあてはまる術語を持っていない。ヤームナがサーンキヤ学派の人々に対して、あるいは彼に対立した不二一元論学派に対して、サークシンに関する彼の鋭い論究を試みた際にも、彼は良心という現象自体には全く言及していない[9]。

この目立たぬ事実には、手短かに次のように特徴づけたいと思われるような違いが反映している。つまり、キリスト教は本質的に (per substantiam) 良心の宗教であり、献信の宗教は偶然に (per accidens) 良心の宗教である、と。

一〇　それにしても、それだけでは事柄をようやくしかも不完全に特徴づけているだけである。――キリストは、そして彼の内にあって神は、

　我らの罪を贖うためにお生まれになった。喜べ、喜べ、全キリスト者よ。

と、クリスマスの歌の中で、キリスト者たちは歌う。キリスト教は、「良心の宗教」以上のものであり、「罪を除かれ、贖われた良心」の宗教である。

キリストが「仲保者」であることが、クリシュナやラーマとの本質的違いなのではない。彼らもまた「仲保者」であるからだ。「受肉」の教義がキリスト教の独自の教義であるわけでもない。インドは受肉の教義をキリスト教発生以前から所有していた。そうではなくて、キリストが「贖罪者」であることが、彼の出現の最奥の意味であり、彼の人格に関するあらゆる思弁的教義は、ここにはじめてその格別の意味を、そして同時にその妥当性に関しての神学的規範を見出すのである。

聖書の意味における「贖罪」については、わたしは別の場所で語った[10]。それについてさら

に詳しく述べることはこの著作の枠をはみ出すであろうと指摘した上で、別の機会に詳説したいと思う。ここで、これまで述べてきた事柄との関連において言いうることは、少なくとも次のことである。

われわれは、イーシュヴァラもまた「赦し」、人々は彼に「赦し」を求めて祈るのだと言った。しかしイーシュヴァラの赦しは、過ちを見のがすことであり、過てる者の身に起こる困難の苦しみに対する同情からのものである。それは、慈悲（indulgentia）、同情に満ちた寛容、免除、放置なのだ。しかし、それは、はるかに深く、すでにほとんど秘密に満ちた響き

野猪に化身したヴィシュヌ（大英博物館）

大地の女神プリティヴィーを抱くヴィシュヌの化身ヴァラーハ（野猪）（エローラ14窟）

をもつキリスト教の「免罪」ではない。ちょうどひとりの人が個人的に他の人の犯した過ちを、情深く許すように、慈悲深く寛大なイーシュヴァラが赦すのである。インドの人々はしかし罪の「呪い」は知らない。キリスト教の「罪」には、実際「呪い」が、「呪い」によってとがめられる良心におおいかぶさる呪いの重荷が纏いついている。

そのことを人々はしばしば「病的」なものとして非難してきた。だがその「呪い」とは、単に苦痛に対して「同情的」で、過失や欠陥に対して「宥和的」であるだけでなく、聖なるものとして聖なる戒律の破戒に対しては憤らずにはいられないような存在に対する心の必然的な反応なのである。また、単に個人的な愛情関係において生ずる過失、愚かさ、迷いに対してのみならず、深く聖なるもの自体の領域、つまり、聖なる価値領域そのものにおいて生ずる誤った行為に対しても反応せざるをえない――人間の側から言えば――反応するであろうはずの存在に対する心の必然的な反応なのである。実際、神の赦しが「客観的諸条件に」結びついている、ということがわれわれの伝統的神観の弱点としてしばしば非難されてきたが、そのことをキリスト教徒は正当なものと認めている。このことを見のがす人は、キリスト教の理解によれば人間と永遠に聖なる神との関係は「個人的関係」ではない、ということを見のがしているのである。神は、その律法の客観的聖性という条件に条件づけられている。つまり、初期のなお原始的な表現で言えば、神は聖なる秩序の守り手である。その秩序はたとえ神自身によって存在するのであっても、個人的存在の個人的規定ならば場合によって強く束縛したり、放置したりすることができるように、そのように神によって存在するのではない。神は「放置」することはできない。もっとも、その放置が同時に「贖い」、つまり客観的な反価値の根絶であり止揚である場合を除くのではあるが。神の赦しは、「裁き」を取り除くものではなく、その「裁き」を「罪の呪い」の体得として、良心の不安の完成として成就させるものでなくてはならぬし、同時に、罪人の自己裁判を、今や充分に目覚めてそのもっとも深い深みへと至った悔いと懺悔の中で作用させるようなものでなくてはならない。神の赦しは、そのような行為の中でこそ罪人を免罪によって絶望から救い出す。裁きつつ打ち倒す一方で、同時に慰めを与えつつ助けおこすのである。[11]

贖う恩寵とは、まず第一に、まさに魂の最奥で体験された「呪い」そのものである。そしてこの贖う恩寵は、ペテロが「主よ。わたしから離れ給え。わたしは罪ある人間であるから」と頼んだ時、ペテロに与えられた。その願いは、災いの体験を自身の内に持つゆえに、それは聞きとどけられないであろうと確信する願いであった。なぜ、いかにして、そのような深いおそれと至福の慰安を伴う贖いの体験が、全キリスト者の体験が証しているそのような体験が、キリストの姿、言葉、仕業によって、なぜ、とりわけキリストの死に至るまでの従順さによって覚醒させられたのか。P・ネッフの語り口[12]を借りれば、どこからその体験は、心情と良心に力を及ぼすそのような「魔力」を得るのか。それらが問うところのものは、あらゆる理論に対して「概念」となることを拒否している。われわれがこの名状しがたいものに関して築いてきた教義構造のピラミッドは、時につれ大きくなっている。おそらくはそれは藁のピラミッドであろう。にもかかわらず、そのピラミッドが、常に新たに「和解という主題（locus de reconciliatione）」に関わって探求を続けていることは、キリスト教の教義のうちの最も独自なるものである。

この問題ではしかし、キリスト教神学は、献信の宗教、いやあらゆるインドの神学一般と最もはなはだしく異なっている。というのは、インドは「贖う人」を、ゴルゴタを、十字架を持たないからである。インドはこれらすべてに「ユダヤ的遺物」、彼らの「激質と暗質（rajas, tamas）」以外の何ものをも見ることはできない。

原註

（1）彼女の伝記はニコル・マクニコル Nicol Macnicol 博士により著わされた。わたしは、この書の翻訳を勧めており、バーゼルの宣教師協会からまもなく出版されるだろう。

（2）エマヌエル・リンダーホルムが彼の新しい聖書の抜粋本の中で、創世記の章句を待臨節の第一日曜日のためのテキストとして選んだ時、彼はその意味をよく理解していた。創造の教義全体は、それが神の「来臨」への、神の最終的にして決定的な再臨への準備段階でなければ、われわれキリスト者にとってさほど関心を惹くものではない。そのことについては以下の記述と『教会の年暦』（リンダーホルムの本を翻訳し敷衍したもの、*Das Jahr der Kirche*〔in Lesungen und Gebeten〕, L. Klotz, Gotha〔1927〕）を参照されたい。――「時満ちた瞬間」、批判と造形としての上からの「突破」の瞬間への期待、そして時満ちた瞬間という視点からその時の徴《しるし》を暗示しようとする意志が、今日、パウル・ティリッヒの神学に独特の色合いを与えている。これによってティリッヒは、「超越せる者」――その「シンボルの言葉」が神＝キリストである超越者――という彼の奇妙な表現にもかかわらず、何人かの彼への批判者以上に、決定的にキリスト者的姿勢を守っている（訳者註。ティリッヒの「時満ちた瞬間」という考え方は後に『永遠の今』*The Eternal Now*, Charles Scribner's Sons, New York, 1956 となって現われる）。

（3）シヴァ教徒においては、世界は神々しいナタラージャ（踊り手の王）の永遠の宇宙的規模の「舞踏」である。

（4）ラーマ王子がアヨードゥヤーの町から追放された時、彼の弟ラクシュマナは、ラーマの困難な旅につき従った。もうひとりの弟バラタはラーマの望みによって家に留まった。
（5）『神学と教会のための雑誌（*Zeitschrift für Theologie und Kirche*）』1929, p. 192より採った。
（6）クリシュナに重大な侮辱を与えたシシュパーラ Śiśupāla 王。
（7）われわれが「死へと投げ出されていること」から、つまり純粋に世俗的な、キリスト教外の感情である死の不安から、キリスト教へと道を開くことができると人は思うかもしれない。が、それは全く誤った道である。単なる「死の恐怖」からの救いはすでに古代インドの甘露《アムリタ》、つまり死の超越への努力の目指すものではなかったし、「無常性」から免れたいという古代人の憧れの的でもなかった。そうした努力や憧れは延命という形での単なる生命の保証などを目指したのではなく、ひとつの全く超越的な非合理的なものへの試みであった。「死の彼方」に存在するが、また経験論的意味において「単なる生命」の彼方に存在するものへの試みであった。この点に関しては、『西洋と東洋の神秘主義（*West-Östliche Mystik*）』（一九二九年版）S. 50以降（『西と東の神秘主義』華園聰麿・日野紹運・J・ハイジック訳、人文書院、一九九三年、四四頁）を参照。
（8）R. Otto, *Sünde und Urschuld*, Leopold Klotz Verlag, Gotha, 1929（第四版）参照。
（9）*Logos*, 1929におけるわたしの論文〔„Bewusstseins-Phänomenologie des personalen Vedānta"〕を参照されたい（S. 169）。
（10）R. Otto, *Das Heilige*（『聖なるもの』）S. 71（岩波文庫一二〇頁、ベック社版S. 69）以降およびS. 214（岩波文庫三二九頁、ベック社版S. 198）。「聖なるもの」に関するわたしのこの書物は、講義の中でこのあらゆるキリスト教的直観のうち最も深い直観への手がかりを、わたし自身とわたしの聴講者のために創り出そうとした試みから生まれた。わたしは、この直観が「贖罪の教義」の正統的構造のうちには暗示されてはいるが充分含まれていないことを知った。また、それは「義認と宥和（Rechtfertigung und

Versöhnung)」についてのリッチュルの試みにおいても見出されないように思われた。「贖罪」はその最も深い根底においては諸概念によって構成された理論を受けつけないのではないか、という結論にわたしは到達していた。わたしの批判者のひとりがうまく表現したように、「ギロチン」が落とされたのだった。あらゆる合理主義者にとっては不愉快なことであったが。わたしが「把握した」ことは、われわれがしばしば把握できず、それに対して理論も持ちえないようなことをわれわれが最奥の根底で「理解している」ということだった。ルターが言うように「人は神を把握することはできない。がしかし、神を感じとることはできるのである」。受難とか偉大なる受難とかに関する聖書の説明、パウロやヨハネの福音、「ヘブル人への手紙」の手探りの術語、とりわけ「ヘブル人への手紙」の第二章第一七節および第五章第九節が、「概念に」なりえないものを「感情に」ならしめるのに役立つとわたしには思われる。思慮深く鋭敏ではあるが単なる「宗教史家」に過ぎない人に告白してほしいと思う。贖罪の、人々にとってのこの「不可思議な」価値については、「把握」できず、「感じつつ理解」もできないが、確かにキリスト者たちがその価値を知っており、それどころかそれを体験したと空想してきたこと、そして彼らのあらゆる「不可思議な救済財」のうちで、これこそが最も重要なものに思える、と告白してほしい、と思うのである。また、キリスト者の信仰生活、実生活においてこの「想像上の」軸がもはや与えられないときには、明白に典型的なキリスト教はもはや存在しないか、あるいはただ衰えた形でのみなお存在するにすぎないのだと、認めてほしい。そのような「ユダヤ的迷信」とは、しかし、インド・アーリア系の宗教は全く「無縁」だ、とすでにP・ドイセン〔一八四五―一九一九年〕が主張している。彼のこの主張は少なくともこの問題に関しては完全に正しい。その他の点では、彼のショウペンハウエル〔一七八八―一八六〇年〕によるヴェーダーンタの解釈などは、議論の余地があろうけれども。

(11)　そのようなことは、われわれの「決定」によって起こるのではない。われわれが決定するのではなく、われわれは決定されるのである。

(12) ここでは、わたしはパウル・ネッフの『恩寵としての宗教』という小著 (*Religion als Gnade*, Töpelmann, Gießen, 1927) を示唆したい。この著で最も注目すべきことは、それが明らかに神学の専門的研究とは何の関連もなく、全くのありのままの体験から生まれた点である。この著のタイトルは、ネッフがこの著で著わそうとしている対象が「宗教一般」なのだと前提しているらしく見える限り、批判の余地がある。それは正しくない。というのは、そうであればヒンドゥー教や仏教は宗教でなくなってしまう。この著が回転している軸はむしろキリスト教という宗教の中心であって、宗教一般の中心ではない。彼はまったく特殊なことがらであることを、一般的なものにしようと試みているのだ。この著は――ことに直接的な体験の証明として――他の観点では示唆深いものである。つまり、まさに今指摘したような要素からここには一種の「神秘主義」への移行がある、ということによって示唆深いのである。神秘主義とは何か。私は別の場所で、それが非常に多様な現象であるので、その本質を定義づけるための一般的な概念を確立することは明らかに不可能だということを示そうと試みた。実際、神秘主義の定義づけ自体が「概念」の正確さから逃げ出してしまう。その本質はただ感情でのみ把握可能なのである。しかし、おそらく神秘主義はひとつの外面的な、外形的な基準をもってはいる。それもわたしはすでに指摘したことがあるが、その基準によれば、神秘主義の「本質」は定義されないにせよ、その存在の認識指標は与えられる。この認識指標こそ、あるときはかすかに、あるときは強く、またあるときにはほとんど情熱的に現われる、宗教という対象自体の概念規定性の拒否である。この拒否のおかげで、宗教の表現手段もまた、十全な表現にはとうてい到達不能なものと感じられる。神秘主義の表現手段は、把握しがたいものの限界に手を触れており、一般に、奇妙なもの、われわれの理性にとって「不思議なもの」の領域へと押し入っており、また時にはその表現は「非合理なもの」、「奇跡《ミルム》」へと近づき、あるいは全くその中に入りこみ、さらには非合理なものの単なる「表意記号」となってしまう。そうしたことがこの著でも現われている。実際この著は、あらゆる理性的把握可能性一般に対してある種の鬱屈した情熱でさからっている。著者ネッフにとっては、われわれが「贖う恩寵」と呼ぶところのものが、それどころか、「宗教」そのものが、全く完璧に「神秘的」であるのに違いない。——わたしはこの点では異なる意見を、自著『聖なるもの』S. 113（岩波文庫一七八頁、ベック社版 S. 103）で表明しておいた。

訳註

＊1　ゲーテの言葉と言われているが、出典不明。

＊2　『リグ・ヴェーダ』三・六二・一〇。訳者試訳：願わくば我らサヴィトリ神のすばらしき光輝を受けんことを。その神が我らの詩的発想を育まんことを。『リグ・ヴェーダ讃歌』辻直四郎訳、岩波文庫、一九七〇年、三四頁参照。

＊3　南インドにおける最も古いヴィシュヌ教徒の一群で、その活動はおそらくは紀元七、八世紀まで遡ることができる。「アールワール」（ārvār あるいは āļvār と表記される）は、神に関する直観を有する者を意味する。

＊4　numen（神性、尊厳）からつくられた造語。オットーは『聖なるもの』において、「聖なる（heilig）」という語の特殊に宗教的な意味、つまりこの語のもつ道徳的意味や合理的に説明可能な意味以外の意味を担う語として numinös（名詞化して das Numinöse）という語を使用している。彼はこの語の含む要素として「戦慄すべき」とか、「力ある」とか、「魅する」とかを挙げている。

＊5　『バガヴァッド・ギーター』には文字通りこのままの偈はない。英訳者は『ギーター』という語を省略している（Frank Hugh Foster (tr.), *India's Religion of Grace and Christianity Compared and Contrasted*, The Macmillan Company, New York, 1930, p. 83）。

＊6　キュロス二世（前六〇〇頃—前五二九年）。古代ペルシア、アケメネス朝の王。メディアから独立、メディアを征服後リュディア、バビロニア、シリア、パレスティナを征服して大帝国を建設。そのため大

王と呼ばれる。前五三九年、バビロニアに捕えられていたユダヤ人を帰国させたので、彼をメシアと見なす見方も一部に生まれた。
＊7　『ヴィシュヌ・ナーラーヤナ』一九一七年版、S. 51（第五八偈）およびS. 53（第六三―六五偈）。
＊8　『バガヴァッド・ギーター』一七・三。
＊9　『バガヴァッド・ギーター』一七・四参照。
＊10　『バガヴァッド・ギーター』九・三〇。
＊11　ラーマーヌジャの『ギーター註（*Gītābhāṣya*）』(*Śrī Bhagavad Ramanuja Granthamala*, ed. by Kanchi P. B. Annangaracharya Swamy, Granthamala Office, Kancheepuram, 1956, Gītābhāṣya, p. 85）の中、『ギーター』九・三〇に対する註の要点であり、原文通りではない。
＊12　使徒教父のひとりで、小アジア、ヒエラポリスの司教。使徒ヨハネの弟子。一世紀から二世紀にかけて生き、主の言行の解説『ロギア』を書いた。
＊13　『バガヴァッド・ギーター』二・二九。オットーはāścaryavatを「奇跡」と訳すが、「ごくまれに」と読むこともできる。
＊14　『旧約聖書』「レビ記」（一九・二）。『新約聖書』「ペテロの第一の手紙」（一・一六）参照。
＊15　cf. Richard Garbe, *Die Bhagavadgītā*, Wissenschaftliche Buchgesellschaft, Darmstadt, 1978, p. 165.
＊16　シュライエルマッハー『宗教論』第五講「諸宗教について」（岩波文庫、佐野勝也・石井次郎訳、一九四九年、一九四頁以降）。
＊17　ゲーテ『神と世界』の「始原の言葉」より。(*Goethes Werke*, Hamburger Ausgabe 1. Bd. S. 359)
＊18　およそ三六〇―四二〇年。アイルランド（またはスコットランド）出身。平修道士のまま、長くローマで修道生活の指導者として活動した。人間の意志能力と責任とを重んじた彼は、アダムの罪はアダムに帰すだけであるとして原罪説を否定し、洗礼による赦罪以外は自力がそのまま恩寵である、と論じた。そ

れ故アウグスティヌスなどから恩寵否定者として厳しく批判され、四一八年異端者の宣告を受けた。

＊19　『新約聖書』「ヤコブの手紙」（三・六）には、「舌は火である。不義の世界である。舌は、わたしたちの器官の一つとしてそなえられたものであるが、全身を汚し、生存の車輪を燃やし、自らは地獄の火で焼かれる」とある。

結び

われわれがクリシュナ崇拝者にとってのベツレヘムであるヴリンダーヴァナ[*1]のヴィシュヌ・ナーラーヤナの大寺院を訪ねた時、ひとりの商人がささやかな店の中で扱う品々を勧めた。そこにはヴィシュヌの聖なる印や標があり、『ギーター』などのインドの聖典があった。そこにはまた、インドの書物にまじって風がわりなタイトルの小冊子もあった。――「ルカによる福音書」であった。「この本は誰のことを書いたものかね」――「イエスについて書いた本だ。イエスはヴィシュヌの最後の化身《アヴァターラ》（avatāra）なんだ[*2]」。そんな風に多くのインド人は考えている。しかし別のインド人は全く別のことをわたしに言った。「あんたがたは、わしらと同じアーリア人じゃないか。なんだって古いアーリアの神から離れて、あのユダヤ人に従ったんだい。いつになったら、あんたがたの元の神へ帰ってくるんだね」。

わたしはこのような気運がインドで優勢となり、インドがその宗教とわれわれの宗教との間にある対比を認識し、力説する日を心待ちにしている。それはわたしがすでにわたしのヴィシュヌについての本において示唆したような日である。わたしはその日に挨拶をおくろう。というのも、その時はじめて状況が、真の事情がはっきりするであろうからだ。しかしその時生ずると思われる争いに彼我の宗教の「絶対性」をめぐる理論的思弁が先験的《ア・プリオリ》に決着をつけることはないであろう。罪の贖いが「ユダヤ的神話」のひとつなのではなく、サンサーラの束縛から「最高のプルシャ」との合一の実現の中での自由へとアートマンを救い出すこと以上の「より真実な」何ものかである、と認識することは、先験的な何らかの原理によって論理的に強制されるものではない。また、その認識が相互に承認しあった、高度に概念化された共通の法則によってインドの人々に論理的に強制されるのでもない。問題は、別の「ダルシャナ（見方、哲学）」、別の視点、別の「目」である。変化がおこるためには、まず別の目が現われねばならない。

訳註

＊1　Vṛndāvana. ジュムナー（ヤムナー）河西岸のマトゥラー地方にあるゴークラ市近郊の森。クリシュナ神が牧童女たちと戯れたところと伝えられ、ヴィシュヌ教の聖地である。

＊2　「ブッダがヴィシュヌの最後の化身である」という伝承はインドではよく知られている。

補説

一　隠れたる神と献信者の神

——三六頁のために——

ドラウパディーの「古譚《サガ》[*1]」は、暗い、規律や掟に縛られぬ神、目的を持たぬ非合理な全能の神に絶縁を告げるのであるが、そのような神に対して、夫のユディシュティラは献信者たちの神を主張する。その際彼は、隠れた「秘密の力」の彼にも理解しがたい本質に対抗するのに、信仰や恩寵の言葉や啓示に頼っているのであるが、そこにはすでに後の献信の宗教のあらゆる術語が用いられている。わたしはかつて自著『ヴィシュヌ・ナーラーヤナ』において、『マハーバーラタ』の「森の篇（āraṇyakaparvan）」の第三〇章、第三一章からこの部分を抜粋の形で翻訳したことがある。その翻訳ではテキストの韻をなぞるように努力したが、表現上の困難さから何かが失われざるをえなかったので、わたしはここで今一度主要部分の文字どおりの再翻訳を試みたい。[*2] 今度は韻文的語り口とその予言の力強さが失われるだろうけれども。——ドラウパディーは正当な王たる夫に向かって興奮した口調で神のやり方が解らないと疑いの心を打ちあけた後、神の本質についての古い解釈をもち出して語り続ける。その解釈とは彼女が耳にし続けてきたものであり、それまで彼女が固く持してきたものであり、今や再び彼女の心に執拗に浮かんでくる古くからの解釈である。ドラウパディーに突然の絶望をもたらしたこの神への信仰が、単に彼女の私的な個人的事情から生まれたものではなく、それがインドの宗教に広く定着した漠然たる土台、おそらくは最も原初的な土台であることは、叙事詩の作者がそれをドラウパディーひとりの意見としてではなく「太古のサガ」の語るところとして挙げていることからも確かめられる。

　このような不明瞭な「原信仰」と、後発の献信の宗教は戦ったのである。そして――おそらく同時期に――ブッダの宗教もまたこの信仰と戦ったのだ。仏教はその際、ユディシュティラと似た動機、つまり、自由な引責、道徳的規定の妥当性、道徳的世界秩序の公正な主宰、そしてある「救済」の可能性といったものへの関心に突き動かされていた。しかし仏教は献信の宗教とは全く別の答えを与える。つまり、神イーシュヴァラと、目的や規則に縛られない全能、全作用者たる神とは必然的に共に或る全体の一部をなしているという「太古のサガ」のテーゼを受け入れ、この理念が、自由、引責、そして救済の達成と対立するからという理由で、仏教はこの神《イーシュヴァラ》一般を投げ捨てるのである。それが仏教教義の「無神論」の意味である。この意味は小乗仏教（ヒーナヤーナ）、大乗仏教ともに、現代の有神論との対決に至るまで仏教において維持されている。神が存在するとすれば、それは無制限の力をもつ存在であり、全能の唯一者であろう。しかしそうだとすれば、引責とか因果応報といったものは無意味となり、「救済」に関するあらゆる教義がいらざるものとなろう。ルターにおいて「隠れたる神」が明白に、唯一のものとしてあらゆる物に作用する「全能性(comnipotentia)」や「救霊予定[1] (praedestinatio)」と結びついているところの、あの珍しいほどの自明性が仏教徒においても存在しており、そのためにこそ彼らは神の理念一般を投げ捨てるのである。

われわれは、しかし、初期の献信の宗教に話を戻そう。ドラウパディーは言う。

二一　このことについて、太古の伝承は語っています。
　神の威力の中に、世界はあり、世界は*3自身の中に基盤を持ちません。

二二　まことに、創造主のみがあらゆるものの、*4愛と悩みの、安寧と苦痛の、本質を授けます。統治者たる主は、以前自身が「畑」にまいた種を（つまり当時主が行なわせた善行悪行を）、芽生えさせるのです。

二三　熟練した*5人形遣いが、木の人形を作り、ある時はひとつの手を、またある時は四肢全部を動かすように、そのように創造主は、被造物を扱います。

二四　空間のように、神は（作用しつつ）あらゆるものを覆い、高貴な行為をも、悪行をも、貫きます。

二五　糸につながれた鳥のように、人は自由を失い、いずこへか導かれるのです。*6 神の威力のうちにあって、人は他の者の主ではなく、自身の主でもありません。

二六　望まずして糸に通された真珠のように、鼻に綱を通された牛のように、人は創造主の指示に従わねばなりません。指示されたことを行ない、全くそれに規制されながら。

二七　自身が決定するどんな瞬間も、人は持ちません。岸から倒されて、流れの真中へ運ばれた木のように。

二八　自身の安寧または苦痛について盲目で無力な奴隷として、人は、神が彼を導くままに、天国へ行き、地獄に落ちます。

二九　草の葉先が、強い風の力のままに向きを変えざるを得ないように、そのように、あらゆる存在は、創造主の威力に従わざるをえないのです。

三〇　ある時は、高貴な行為へと人を促し、またある時は、悪行へ誘い、主は（隠れて）とどまります。被造物の中に入り込んで（その中を「隠れ場」としながら）。だから誰も、主を指して、「見よ、そこに、主がおわす」、と言うことはできません。

（サガはここまでを語っているのだが、ドラウパディーはさらに続ける）

三一　創造主のこの身体（つまり世界）は、創造主の「畑」とも呼ばれていますが、それはただ原因にのみ条件づけられていて、（意味ある目的の窮極性をもたず）、その身体を通じて、創造主は――すべてを貫き（全能で）――行為に良い実、あるいは悪い実を、結ばせるのです。

三二　創造主が主として、この魔力をどのように使うのか、ごらんなさい。あらゆる存在を、自身の魔力によって盲目にしたあとで、存在物によって存在物を打ち倒すのが、神なのです。

三三　（あなたのおっしゃるのとは）違うふうに、かつて真実を看取した賢者たち[2]（つまり古代のサガの予言者たち）は、存在物を見ました。（あなたが主張するのとは）違うふうに、存在物は流浪します。（定まらない）突風のように。

三四　（あなたの主張とは）全く別に、人々はふるまいます。かれらは、ある時はこれ、ある時はあれ、という具合に定めなくふるまい（かれら自身との同一性の実現や正しい摂理の可能性が、弱まってしまいます）。

三五　（あなたがおっしゃるのとは）全く違うふうに、主は被造物を扱います。主は造り、また造り変えます（法に従ってではなく、恣意のままに）。

三六　いやむしろ、人が木を木で、石を石で打ちこわすように、鉄で鉄を切るように。そのとき、（主体も、客体も双つながら）全く受身で意図を持たないのですが、ちょうどそのように、主、崇高なるもの、神、自ら生まれるもの、始源者はふるまいます。主は存在物を、おのが仮面とした後に、存在物を存在物で打ちこわすのです。

三七　結び、またほどき、ほしいままにふるまいながら、主、崇高なるものは、子供がおもちゃで遊ぶように、存在物で彼の遊びを遊ぶのです。

三八　母や父のようには、創造主は、存在物に対しません。憤怒からのようにのみ、主は行為します。(〔わたしたちを森に追放したあの〕ドゥルヨーダナのような乱暴者の)卑しい者が、主にならってふるまうのです。

三九　高貴な、純潔を守る人が、辱められ、最後の必需品まで奪われるのを、一方で、悪徳の人が幸福のうちにあるのを、わたしは見て、わたしの心は迷います。

四〇　あなたをこの苦難の中に見なければならず、ドゥルヨーダナは繁栄の中にいます。不正な人々のこのような様子をつくり出す創造主を、私は非難します。

四一　このドゥルヨーダナ、高貴な規約の違反者、裏切り者、盗賊、この信仰の妨害者に、創造主が幸福をお贈りになるのなら、創造主は自ら、その悪行の「果」を、(あなたにおたずねしたいのですが)甘受されるのでしょうか。

四二　行なわれた行為が、行為者自身を捕え、他の人にまでは及ばないのなら、（犯罪者ドゥルヨーダナへの恵みの如き）悪行は、神ご自身を汚すでしょう。

四三　（そのことを、あなたは認めはしないでしょうから）、なされた悪は、その行為の主に帰せられる、との法則は全くあたりません。ならば、力のみがものを言うのです。力をふるうことができぬ、あるいは望まぬ人々は遺憾の限りです——

ユディシュティラも長く語って、ドラウパディーに答えるが、その語りを彼は次のようにしめくくる（第三一節・第四〇偈）。

四〇　（太陽の前の）霧のように、お前の疑いが消えてくれるように。（神と信仰とに関係する）あらゆるものが（真に）在る、と信頼し、（すでにある教義を土台として）熟考してほしい。「ナースティカ」（彼岸での救済を否定する人々）の異議申し立てを、お前がするのはやめよ。

四一　神、存在物のつくり主を、投げ捨てるな。むしろその方を認識することを学び、その方を敬い、お前の疑いの思いを、もはや投げ捨てよ。

四二　その方の恩寵によって、死すべき人間が、その方への献信者として、死から自由へ至り得る、その方こそ最高（絶対）の神(3)（uttamā devatā）ではないか。今後、この神を冒瀆することをやめよ。ドラウパディーよ。*7

恩寵、献信、恩寵の言葉、より高次の啓示の引証。これらの表現には、古代のサガが告げているような古い「神感情の検閲者」に対抗する若い献信の宗教が隠されている。サーンキヤ派や仏教徒やジャイナ教徒たちは、イーシュヴァラ一般を拒否して、この検閲者から身を守っている。三者は似たような動機、似たような理由からそうしている。一方、ユディシュティラが属するクリシュナ教団は他の道を見出すのである。

献信の道を彼らクリシュナ教徒が進むうちに、古い「暗い」神（それをドラウパディーも「崇高なるもの」と呼んでいる）は次第に消えてゆき、神の明白な姿の前では（ルターの言う啓示された顔（facies revelata）の前では）ほとんど完全に消え失せてしまう。だが、それは後の発展においてのことである。というのは、『ギーター』においては古い暗い神が、不明瞭な背景および地層としてなお完全に存在しているからだ。この神は、『ギーター』が献信の宗教を語っているただ中の第一一章で、(4)突然、古くからの恐ろしい尊厳と力強さを保った姿で、恩寵の神の背後に浮かび上がる。*8 最後に末尾の偈において、ルターの場合のように

(『聖なるもの』岩波文庫二一七頁、ベック社版 S. 126)、恩寵に満ちた契約の言葉に包まれるためにではあるが。そして西洋と東洋の間には、後の発展期を通じて、『ギーター』の継承におけると同じくプロテスタントの宣教においてもまた、このルター的な神感情の深い根底が失われ、合理化され、人間化される、という平行関係が存在している。

「ヨブ記」にはこの「ヌミノーゼ的な」神感情に類似するものがあることを、私は別の場所で示唆しておいた。ヨブの場合には、インドの物語の場合とは違って「償還」がある。この「払い戻し」の過程でヨブは、理性によって理解可能なあらゆる概念やあらゆる尺度を凌駕する創造的で奇跡的な力自体の偉大さを体験する。まさにそこにおいて、苦悩をもたらす疑いが「沈静」されるのである。(5)

ドラウパディーの「サガ」は、別の問題に関しても示唆深い。「原始一神教」の擁護者たちは、宗教的理念の発展の初期には、世界を創造する神――それは同時にモラルと正義の神でもあった――への信仰が存在したのだが、この信仰がその後曇ってしまったのだと主張している。この見かけ上、超自然主義的な「原始的啓示」に関する教義は、より接近して見ればしばしば、しっかりした合理的理論として正体を現わす。原始の人間は、まさに健康な悟性の力に身をゆだねており、その悟性の力によって、因果律という導きの糸に導かれ、世界の唯一の、全能の根本原因を推論するに至ったのだ、という理論である。原始的一神教の前提に立てば、不明瞭な神感情は、実際、「発展理論の信奉者たち」が普通主張するよりはるか以前に人類に芽ばえていたことになる。ドラウパディーの「サガ」もまた、秘密の「原初の」伝承を引きあいに出している。しかしこの「サガ」が伝える神信仰は、原始一神教論者のそれとはたいそう違って見える。それがひとつの合理的結論から導き出されたものでないことは全く確かである。その信仰は諸結論をではなく、彼岸の永遠なるものを原初的に体験することを含んでいる。しかも、全く非合理的＝ヌミノーゼ的な、人間のあらゆる把握ないし解明を越えた彼岸の永遠なるものを原初的に体験することを含んでいる。このような神感情の開花は、しかし、(6)あらゆる発生学的「説明」を拒むものである。そのことによってこのような神感情の開花は、まさに「啓示」を遮断するものであるところのアダム[*9]すなわち原初の人間の合理的悟性の結論が推定するところのものより、はるかに実際の「啓示」の宗教的概念にふさわしい。それは、目下説明不可能であるからこそ、ヌミノーゼ的＝超越的なるものが初期の経験世界の中へ積極的に「顕現しつつ」侵入する場面を表わしうるような宗教理念を要求している。

そのような体験は、ただ、そのための格別の天分を持つ鋭敏な人々の魂、つまり選ばれた個人の魂においてのみ生じたのだ、と、「真実を看取した予言者たち」を引き合いに出しつつかの古い叙事詩も推定している(7)(上述の第三三偈を見よ)。これらの人々にとってはしかし、この崇高で排他的な全能の神は――この神に対しては被造物の側からは従順に身をゆだねて依存するのみである(8)――ドラウパディーにとってのように悩みをもたらす存在ではなかった。この神が悩みをもたらす存在となるのは、古代と違って、個々人が、個人の運命およびその個人的意味に気づきはじめてからのことである。その時、集団の集合的主体は、個人的主体へと、個人的過失や個人的悪行や個人的善行をともなう個人的主体へと変化した。そのような状況においてかの神は、悩みをもたらすヨブの問題となりえたのだし、またならざ

アナンタ蛇上に横たわるヴィシュヌ　ヴィシュヌの臍からブラフマー神が生まれている（エローラ石窟）

魚に化身したヴィシュヌ（大英博物館）

るをえなかった。その問題をまたインドも知ることとなったのである。
このような状態の中で神の理念の裂開や漸次的消滅ではなく、神を信ずる態度の新しい段階が生まれたという事実も、単なる「宗教史」にとっては、再び、純粋に事実なるものにつきものの説明不能を伴った単純な一事実にすぎないであろう。しかしそのような変化が起こったその集団にとっては、それはあくまでも「啓示」なのだ。理性を働かせることによって生まれるのではなく、新しい[9]、より高度な「目」によって生まれる啓示なのである。「聖者たちの有する根拠（ārshaṃ pramāṇam）」による、新しい「信仰」に関する新しい「視点（darśana）」による啓示である。

インドで、「原神信仰」とは言えないにせよ、ヌミノーゼ的偉大さと絶対的全作用性を有する太古の神信仰として存在してきたところのものは、おそらく、宗教上の原始時代に他地域でも現われているはずである。この古代のイーシュヴァラの共通の足跡、まだ献信の主ではないがしかし、すでに従順な被造者感情の宗教の対象であった漠然たる全能の神の足跡をたどることはひとつの課題であろう。わたしには、例えばオリエントの「運命《キスメット》信仰[10]」は、単にマホメット主義が普及した結果の後代の成果ではないように思われるし、また単なる「宿命論」でもないように思われる。というのは、単なる宿命論は徹底的に無神（anīśvara）だからである。キスメットはしかし、「古代サガ」の信仰と全く同じく徹底して有神（sa-īśvara）である。宿命論はあきらめであり、一方、イスラーム（服従）へのキスメット（関与）は従順である。

原註

（1）選択（electio）とは異なる救霊予定。この差異については『聖なるもの』S. 116（岩波文庫一八六頁、ベック社版 S. 107）参照。

（2）ドラウパディーもまた古えの信仰を説明するために、洞察力があり賢者たる人々を引きあいに出していることに注意されたい。賢者たちにとってはしかし、ドラウパディーにとってのように、規律に縛られぬ全能のこの神は、悩みをもたらす問題であったのではなく、原初的な「被造者感情」（『聖なるもの』S. 8, 岩波文庫二三頁、ベック社版 S. 8）、および「戦慄すべき威厳（tremenda majestas）」（『聖なるもの』S. 23, 岩波文庫四四頁、ベック社版 S. 22）の自明の事柄であった。「自在神（īśāna）」、「主（prabhu）」、「至福者（bhagavat）」、「神（deva）」、「創造者（dhātṛ）」、あるいは「大父（pitāmaha）」などの神の呼び名は、彼らにとっては同時に聖なる怖れの畏敬を証明する価値の述語である。新しい種属の新しい状態においてはじめて、この神は信仰の問題となるであろう。このことに関しては以下をさらに参照されたい。

（3）まさしくはじめて恩寵の神として、おそるべき隠れた方（terribilis absconditus）としてではなく、彼は絶対的神性（deitas absoluta）である。

（4）『聖なるもの』S. 225 参照（岩波文庫、一九六八年にはこの個所は訳されていない。また岩波文庫、二〇一〇年、三三九頁には『ギーター』第一一章の「ヌーメン的賛歌」を省略する旨が示されている。ベック社版 S. 207）。

（5）『聖なるもの』S. 103 参照（岩波文庫一七四頁、ベック社版 S.101）。

（6）さらに、確かに、その「粗野な前形態」、つまり単なる原始的おそれとは決定的に異なる「不気味なものの」体験と同様に。

（7）運命（Kismet）の神。

（8）イスラーム（服従）としての依存性。

（9）ドラウパディーが引き合いに出した古代の「聖者たち《ムニ》」に対して、ユディシュティラは、「仙人たち《リシ》」で対抗する。彼女は「仙人たち」を「確かに自身の目で見た」はずだ、と彼は言う。彼らの一部は、ドラウパディー自身の血縁に属しているものである。マールカンデーヤ、ヴィヤーサ、マイトレーヤのごとく。『マハーバーラタ』「森の篇」第一一、第一三偈参照〔プーナ版三・三一・一〇および一二〕。

(10) イスラーム（服従・平和）という理念と同様に。

訳註

＊1　サガあるいはサーガ。中世のアイスランドおよびノルウェーの英雄や国王などの戦いや行ないについての物語（『アイスランド サガ』谷口幸男訳、新潮社、一九七九年、新版二〇二四年参照）を言う。オットーはここでインドの古代の伝承をそう呼んでいる。

＊2　オットーが本書を書いていた頃は、『マハーバーラタ』のボンベイ版が出版されており、本書の番号はボンベイ版に一致する。おそらく彼はこの版を用いたのであろう。カルカッタ版とプーナ版は当時はまだ出版されていなかった。オットーが『マハーバーラタ』のこの個所を訳すにあたって用いたテキストと、今日最もよく用いられる版であるプーナ版との間には若干の相違はあるが、ここではその相違を二、三指摘するにとどめたい。ここに訳されている個所はプーナ版では三・三一・二〇から三・三一・四二までと、三・三二・三八から四〇までに相当する（*The Mahābhārata*, the Āraṇyakaparvan (Part 1), ed. by Vishnu S. Sukthankar, Bhandarkar Oriental Research Institute, Poona 1942）。なお、オットーの訳し方に疑問あるいは異論のある個所もあるが、本書の性格から考えて、ここでは、一、二を指摘するにとどめた。

＊3　「（世界）自身の（in ihrer eigenen）」は、「個我《アートマン》の中に（ātmanaḥ）」とすべきであろう。

＊4　「創造主のみがあらゆるものの（der Schöpfer ... alles）」は「諸々のものの創造主が」とも読むことができる。

＊5　「熟練した（geschickter）」は、「心を集中した（samāhita）」と読むべきであろう。

＊6　プーナ版（三・三一・二四）では、「連れて行かれる（nīyate）」の代りに「決められている（niyato）」とある。したがって、「人は自由を失い　決められている」と読むことができる。

＊7　プーナ版（三・三二・四〇）では「最高の神（uttamāṃ devatām）」の代りに「最高の運命（uttamaṃ daivatam）」とある。

＊8　『バガヴァッド・ギーター』第一一章では、神ヴィシュヌはその巨大で恐ろしい姿をアルジュナの眼前に見せるのである。『聖なるもの』（ベック社版）S. 207 参照。

＊9　「アダム」（あるいは「アーダーム」ādām）というヘブライ語は人をも意味する。Gesenius and Fürst, *Student's Hebrew Lexicon*, ed. by Benjamin Davies Asher & Co., London, 1872, p. 10.

二　贖いと贖罪

――一四六頁のために――

イザヤが神殿内で神の前に立ち、その聖なる主を見た時（「イザヤ書」六）、彼は言った。「わざわいなるかな、わたしは滅びるばかりだ。わたしは汚《けが》れたくちびるの者であるから」。するとセラピム（天使）のひとりが聖壇から火ばしで取ってきた灼けた炭を手に持って彼のもとへ飛んできて、それでイザヤの口に触れて言った。「見よ、これがあなたのくちびるに触れたので、あなたの悪は除かれ、あなたの罪はあがなわれた」。そのようにしてイザヤは神の前に立つことができた。彼を聖なるものとの一体化から閉め出していた反価値は彼から取り除かれた。彼は「潔められた」のだ。この潔めは単なる罪過の免除宣言よりさらに多くのものを含む何ものかである。それに対する最も人間的な類似語は「赦免（Vergebung）」であろう。しかしこの語も、人間に自然に備わっている同情から生まれる許しや罪過の免除といった理性で把握可能な次元とは全く異なる次元で生ずるある現象にとっては不完全な類似でしかない。この潔めはヌミノーゼ的な価値および反価値を含む完全に非合理な次元に属している。この次元は、単なる合理的＝道徳的価値に還元することはできず、そのような次元は、ただ、「聖なるもの」をそれ特有のあり方で理解しうる人によってのみ理解される（同時に、しかしそれでもやはり「把握され」はしない）。このような贖罪は「聖なる人」自身が行なうのであり、他の誰かが彼に対して行なうのではない。「聖なる人」が「掩護し」、償い、聖化し、遮蔽としての「契約の箱の蓋（kapporet）」を与えるのである。この遮蔽がなければ、被造物は死ぬことなく「聖なる人」を見ることはできない。「聖なる人」は、このことを贖いのわざ（hilastērion）というひとつの「手段」によって、イザヤの場合でいえば、「聖なる人」自身に属し、その方の一部をなすひとつの物と接触させることで実現する。「聖なる」祭壇の炭の燃える灼熱で、「聖なる人」はイザヤの口から「不聖なるもの」を焼き払う。ここには「接触」、つまり聖なる人が聖なる手段を通じて自身との間に成立させる接触がある。それは単なる理性的な容赦による許可などという形をとるのには不適格な出来事、理性的考慮にとっては全く「不明瞭」なままに留まる出来事、にもかかわらず「罪人たち」ならば、イザヤが理解したのと全く同様な深さで今日もなお理解するであろう出来事である。

『新約』の教団の場合には「手段（Mittel）」の代りに「仲保者（Mittler）」が登場する。この教団は、前時代のあらゆるヒラステーリア（贖いのわざ・供え物）が単に、真の贖いの影であり不完全な象徴にすぎないことを知っている。真の贖いは、もはや物的手段によってではなく、神によって選ばれた人、個人的な信仰の従順さにおいて十字架に至るまで神に献身した人、そのようにして「神の聖性」へと完成され聖化された人との「接触」によって達成される。古代の原始的な贖いの理念がここでは「精神化」されている。あらゆる物的委任、あらゆる物的手段は最も深い従順の証明に至るまでの個人的献身の理念の前では消え失せてしまう。この「犠牲の羊」の「血」は、「山羊とか仔牛」の犠牲の血のように儀礼的＝魔術的力によって贖うのではない。この血の流出自体がひとつの至誠の信仰的従順の至高の行為であるゆえに、贖う力を持つのである。この行為を、仲保者自身が――「ヘブル人への手紙」が言うように――習得せねばならず、その至高の行為において彼自身もまたはじめて「完成される」のである。そしてこの贖う力を持つ対象との「接触」とは、ここでは信仰する者の信頼が「接触」することであり、信仰する者の教団を求める心が実現させる「接触」であり、信仰する者の従順が実現させる個人的精神的接触である。しかしそのような「精神化」のあらゆる場合において、古い贖いの理念はやはりそのまま完全に保持されている。この理念は、「精神化」に際しても概念的な悟性に対しては何ひとつ「より明らか」にはならない。それは、われわれの理解にとっては完全に非論理的な秘密であり続ける。この秘密はしかし、同時にその内容どおりに極く深く体験され得る。それは一方で、より深く体験されればされるだけますます把握しがたくなる。

この理念が「神話学的残滓」を保っていることは、われわれの正統的な「贖罪の教義」の欠陥ではない。欠陥はむしろこの教義が古代の祭式としての犠牲の荘厳な神秘主義の術語をもはや理解せず、荘厳でヌミノーゼ的な意味における贖いの行為や贖いの供え物、また純粋さや不純のような、全く純粋にヌミノーゼ的次元においてのみ存在しているものを、法学の次元へと導いてしまうことにある。いやむしろ、そもそも全く純粋な感情の分野に留まっていて、祈りや讃歌や聖餐などにおいてのみ表現されるべき何ものか、できる限り語られず気づかれずにとどまるべきである何ものかに対して、全く非理性的なものであるゆえに必然的に非理論的であり、元来理論の次元では完成しないはずの何ものかに対して、それがひとつの理論を提供してしまう点が欠陥なのである。

イエスが彼自身の宣教においては自己を贖う者として語っておらず、「原始教団の神学」が、つまり、パウロやそれに続く人々がはじめて「贖罪の理論」を持ったことをいぶかしがる人々もまた、本来的には今述べたような誤りを犯しているのである。彼らは、イエスの現世での全活動が単にいつか未来において十字架上で死ぬであろう人間としての自分自身のための先駆的活動にすぎず、その結果使徒たちの宣教によってはじめて真の福音が始まるのだ、ということを不自然にも受け入れざるを得ないことをいぶかしく思っている。しかし一体、パウロやヨハネの犠牲についての言葉の中の断片的暗示や術語がおよそ真面目な意味で「理論」であろうか。それらの暗示や術語は、罪と贖いに関してイスラエル的な理解を持ち、古い（いわゆる「神話的な」）想像世界に生きていた人々にとってだけでなく、あらゆる「罪人」にとって、イエスの生と死に向きあって事の本質から必然的に感情の表出として生まれざるを得ないものよりも以上の何ものか、あるいはそれ以外の何ものかなのであろうか。さらに、「神の聖なる人」イエスのまわりに集まった最初の「罪人と取税人」たちが、聖なる人の近くに居てその人に触れることによってどのような作用を自分の良心に体験したかを概念的に「熟知して」いただろう、と人は期待するであろうか。あるいは、この人イエス自身が彼の出現が有する、彼に従う者に対する「罪をほどく力」を「知り」、省察し、理論化していただろう、と人は期待するであろうか。最後に、十字架上で死につつある人の活動もまた、生きている間のその人の活動と質的に異なるものではない。信じつつ、了解しつつ彼に近づき、彼から離れる者は、イザヤがヤハウェの炭に触れた時体験したことを体験したのである。すでにイエスの生涯の意味であったことが、十字架上で「完成された」のである。キリストが死んだ時はじめてではなく、もっと以前にペテロはイザヤが体験したことを体験していた。キリストの前にひざまずいて「わたしから離れ給え。わたしは罪ある者であるから」と頼んだ時、そしてこの願いが聞き入れられなかった時にである。

　主の祈りにおいてわれわれは何ら贖罪のための引証を行なうことなく赦しを求めて祈る、と人は言う。しかしこの祈りが「万人の祈り」なのではなくて、この新しい契約へ召喚されたメシア的終末教団の教団としての祈りであることを人は忘れている。契約の設定や教団の設立は、神が「聖化する」選抜行為なのであり、それによって一団の人間が世俗から引き離され、「聖別され」、「純化され」、「贖罪される」のである。このような行為を行なうメシア的仲保者、およびこの人との交わりそのものが、新しい契約における贖い《ヒラステーリア》のわざである。それは、旧い契約の設定と、そこにおける神との交わりの維持に際して古い贖い《ヒラステーリア》の供え物が果たしたのと同じである。「神の教えによって形成されたものとして、主の祈りを唱えよう」というようにミサは主の祈りを導入する。このようにしてミサはあらゆるキリスト者にとっては感情的に自明であること、つまり「われらの父」が自明では決してないことを暗示する。——人は、贖いについて知ることなく「神よ、罪人たる私に恵みを与え給え」と祈った神殿の中の取税人のことを言い立てる。しかし、そのような人は、この取税人もまた「神殿へのぼって」いったのだということ、つまり彼が「原始教団」やパウロと全く同様に素朴で直覚的であり、彼の時代の荘厳な感情に生きており、彼の罪が彼を圧迫した時に、贖罪する現存者の居場所を探し求めたのだということを見のがしているのだ。「贖罪する現存者」とはキリスト、生きているキリスト、あるいは十字架上のキリストの意味である。ここで「剰余」であるのは、それ故、神殿であり、山羊であり、仔牛なのである。

三　本源的堕落の理念

――第三章Ａ４のために――

七〇頁の偈文で示したように、インドにおいても、霊魂が理想的な、神の望む状態から本源的過失によって本源的に堕落するという観念がある。この「堕落」は、過去形つまり「なぜならわたしがあなたを見捨てたゆえに」という表現によって過去におけるかつての一時的行為のように表わされている。それは、われわれが「原堕落」を楽園神話のイメージとともに「かつての」堕落、時の経過の中で生じる諸事件の中のひとつの出来事と表現しているのと似ている。どちらの教義もこの点に関しては、わたしが『西洋と東洋の神秘主義』（一九二九年版、S. 9）（『西と東の神秘主義』華園聰麿・日野紹運・J・ハイジック訳、人文書院、一九九三年、二六頁）で述べたような態度をとっている。すなわち、その教義の「原理的な」状況が、現世の一時的状況によって暗示されているのである。たとえばエックハルト〔一二六〇頃―一三二八年頃〕が「最初に神が世界を創った（in principio creavit Deus mundum）」と言う場合、彼にとってはまさにそれゆえに神の創造行為は過去の行為ではない。というのは、神とその働きは時間の中にあるものではなく、それは創造者と被造物との間に成立するひとつの「原理的関係」であるからだ。その関係に従って時の経過のうちのあらゆる瞬間が、時の最初の瞬間と同じように、全く直接的に神に帰せられている（使徒信条の第一条をルターも全く同様に説明している）。「堕落」は「初めにおける（in principio）」堕落である。初め（principium）は、言葉の本来から言えば時間的な術語である。しかし学派の用語ではこの語は別のものを示すようになった。つまり「原理（Prinzip）において」、あるいはその原理上の（prinzipiell）本質から人間は堕落せるものである、と言うのである。こうした事情は、インドでは西洋における以上に著しく粉飾されている。というのは、ここでは被造物はいかなる始まりも持たず、無限の連続の中で過去へと戻ってゆき[1]、それと同様に神から堕落した魂の輪廻における放浪もまた始まりを持たない、と主張されているからである。カントの表現によれば、「堕落」は単一な時間的事実ではなく、「知的に把握できる方法で」、時間の中の全現象――それが最初のものにせよ、そうでないにせよ――にとって原理的に基礎となっているものである。「堕落」は、神によって望まれ「原理的に」設定された魂の「原状態」――神とともにあって神に「仕える者」たること――という理想状態からの原理的な離反である。この離反は、原理的に魂に固有な原過失による、原理的な原転倒である。時の経過とともにそれは同時に「世襲の過失」となる。それは存在から存在へ、再生の循環の中で受け継がれるからである。そしてこの離反は、ひとりの「救助者」によって、原転倒した本質を転回させる「干渉する恩寵」の行為によって終わらされるのである。

原註

（1）そのことは、トマスも認めているように、彼ら被造者の被造者たる性格を少しも変えはしない。

四　同一性神秘主義の同一体験

——四八頁のために——

「教義」よりも讃歌が、その宗教に固有な宗教体験の内容をより明瞭に示している場合が多い。献信の宗教の讃歌から若干の例を第三章に挙げておいたが、次に挙げる讃歌は厳格な不二一元《アドヴァイタ》論の体験内容を表現しようとするものであり、それは献信の宗教の讃歌とは対照的な宗教体験を伝えている。

存するものであり　精神（心）であり　歓喜であるブラフマンとしての自己の感得
（『テージョービンドゥ・ウパニシャッド』第三章[*1]）

一　わたしの本質は　最高のブラフマンであり　最高の歓喜である
わたしの本質は　純粋な認識であり　純粋に至上なるものである

二　わたしの本質は　純粋な休息であり　わたしは本質から言って　純粋な精神である

わたしは純粋に不変な本質を有し　あくまでも永遠である

三　わたしは本質から言って　純粋な存するものであり　「わたし（ich）」を捨て私（Ich）はただ私である

わたしはすべて（の事物）から自由な本質であり　本性から言って　精神の不滅性である[*2]

四　わたしは　ただ本質の「第四段階[1]」である　それのみか　絶対のものとして　わたしは「第四段階」をもふみ越える

わたしの本質は　いつも　意識であり　わたしの本性は　精神であり　歓喜である

五　わたしの本質は　絶対的な形相であり　いつも純粋な[2]本質を有する

本質から言って　わたしは　ただただ認識であり　ただただ愉悦である

六　わたしの本質は　（差異における）いかなる対立観念ももたず　欲望を離れ　窮乏を知らない

わたしは常に　執着をもたず　変化もなく　不滅である

七　わたしは常に　同形同質の本質を有し　わたしの姿と言えば　ただ精神である

わたしは限界をもたぬ本質を有する　本質への果てしなき歓喜をもつがゆえに

八　わたしの本質は　最高の存するものであり　存在より高位の歓喜であり　精神より高位の歓喜である*3

わたしの本質は　もっとも内なるもののうち最高に内なるものであり　言葉や知の領域にあるのではない

九　本質から言って　わたしはアートマン（ātman）の歓喜であり　いつも実なるもの（das Reale）の歓喜である

わたしは　自己（Selbst）の愉悦の庭である　わたしが自己そのものであり　サダーシヴァ(3)であるから

一〇　わたしは自己の明晰性である　アートマンの光はわたしの自性であるから

わたしには始めも中ほども終りもない　わたしはエーテルに等しいから

一一　わたしは　永遠に純粋であり　純粋に精神であり　歓喜であり　存在であり　不滅である
永遠に目ざめており　汚れなく　ただただ存するものであり　精神であり　歓喜である

一二　わたしの本質は　永遠なるものをも越えており*4　わたしは　あらゆるものを超越している
わたしの本質は　あらゆる形のかなたにある　最高のエーテルの形をとりながら

一三　わたしの本質は（絶対的）充実における歓喜であり　いかなる時も　言葉では把握できない
わたしの本質は　あらゆるものの立脚点であり　いかなる時も　精神の（唯一の）塊である

一四　わたしは　体をもって存するものから自由であり　いつも思考(4)（あるいは憂慮）から自由である
わたしは　思考器官の諸機能から自由であり　わたしは　単一・同質の形におけ

る思考そのものである[*5]

一五　わたしはすべての「見られるもの」に妨げられず　単に「見るもの自体」を本質としている
わたしは　いつも　完全な（すべてに満たされた）本質を有し　常に永遠に満足している

一六　私（Ich）は　ブラフマンであり　（それゆえに）すべてである　わたしはただただ意識なのであるから
わたしは「私のみ」である　私だけである　わたしは本質として　世界という形を有する

一七　わたしのみが　偉大なるアートマンである　わたしこそが　至高なるものよりより高いのであるから
わたし（自身）が　（幻影として）他者となって現われる　わたしは　身体として現われるから

一八
わたしは　弟子として（そして師として）現われる　わたし自身が　三界の担い手であるから
わたしは　三つの時間（過去　現在　未来）を越えている　わたしは　三つのヴェーダによって崇められる

一九
わたしは　経典によって　教えられるであろう　わたしは　思考器官の中に留まるものである
わたしなくして　なにもなく　わたしなくして　大地も存しない

二〇
「わたしとはいつも異なるもの　それは無である」と　人は言わねばならない
わたしはブラフマンであり　完成されたものである　わたしはいつも　永遠に純粋である

二一
わたしは　属性を離れ　純粋な自己であり　いつも形なきものである
わたしのみが　ただただブラフマンであり　老いることなく　死から自由なものであるから

二二　わたしは　わたし自身によって　わたしを照らし出す　わたし自身によって　存するもの（das Seiende）自体を照らし出す
わたしは　わたし自身であることによって　わたし自身の中に存立する　わたしは　わたし自身であることによって　最高の活動である

二三　わたし自身によって　わたし自身が楽しみ　わたし自身によって　わたし自身がエクスタシーを有する
わたし自身によって　わたしはわたしに固有な光であり　わたし自身によって
わたしは自ら　光輝である

二四　わたし自身のアートマン（ātman）において　わたしは　わたし自身によって歓喜を有するであろう　わたし自身（のみ）を　わたしは　瞑想する
ただわたしの自己の中に幸福に留まりつつ　わたしの自己と共にのみ　存続する

二五　わたし自身によって　わたしは　わたし自身[*6]の中に　わたしの場を有するであろう　わたしの自己の王国とその幸福の中でわたしは　わたし自身を　楽しむ
わたしの自己の王座に安らぎつつ　わたしはアートマンとは異なる何ものをも企

てない

二六　精神のみを本質とし[*7]　存在するものであり　精神であり　歓喜であり　第二のものなきものである
わたしは　悦楽の集積であり　ブラフマンのみである

二七　いつもわたしはすべての対象を欠いており　あらゆるアートマンの歓喜を有している
わたしの本質は　永遠の歓喜であり　アートマンの無限性である

二八　わたし自身のみが　心のエーテルであり　精神の太陽を　本質として有する
自己における自己によって満たされており　わたしは形なく不滅である

二九　個別性（孤立した個体性）から解放されて　わたしは　永遠に救済された本質を有する
エーテルそのものより　わたしは　微細であり　始めなく　終りもない

三〇　わたしは　絶対的な明晰性を本質とし　高度の　あるいは低度の幸福（あらゆる段階の幸福）を有する
わたしの本質は　ただ存在である　純粋な救済が　わたしの本質である

三一　わたしの本質は　実なるものの歓喜であり　ひとつにまとまった　知の歓喜である
存するもの　知　歓喜としてのわたしの本質は　ただただ認識である

三二　この（現象世界の）すべては　実に　ただただブラフマンである　ブラフマン以外の他のものは存在しない
ところで　それはわたし自身である　わたしが　存しつつ歓喜するブラフマンであり　始原なるものである

三三　ここで「お前」とか「それ」とか　呼ばれているもの[*8]　それはわたしと異なるものではない
わたしは　精神であり　意識である　わたし自身が　至高なるシヴァである

三四　わたしの本質は　超越せる存在である　わたし自身が　至福そのものである　見られるべき対象が　すべて消え失せてしまったゆえに　わたしにとっては　もはや見るべきものはない

三五　わたしは　ただただブラフマンである故に　わたしは始原のアートマン（ātman）そのものである
わたしのみが　アーディシェーシャ[5]であり　残余[6]である　というのは　わたしのみが存するものであるから

三六　名称や形相からわたしは自由である　わたしの姿と言えば　ただ歓喜である
わたしの感官は自由であり　わたしは　本質から言って　存在すべてである

三七　わたしにとって　「束縛」も「解脱」ももはやない　わたしの姿は　恒常の歓喜なのである
わたしは　始原の意識であり　分けることのできない常に同形の本質である

三八　言葉や知の領域の彼方に　わたしはいる　わたしは　遍在する幸福である

いたるところで　あらゆるもので満たされ　わたしは充実であり　歓喜を有するものである

三九　わたしは　全く満ちたりており　わたしは徹底して　本質の最高の甘露《アムリタ》である
「わたしは　ただ一つのもの　第二のものなきもの　存在するブラフマンのみである」　このことに何の疑いもない

四〇　わたしは本質から言って　どんな事物も有さない　あらゆる聖典はわたしのことを語っている
わたしは　救済されており　本質から言って　救済である　ニルヴァーナの幸福が　わたしの本質である

四一　わたしは　ただひとり　実なるものの認識である　純粋なる存在の歓喜に満ちている[*9]
「第四段階」をも越え　わたしは（あらゆる差異の）対立観念を有しない

四二　というのは　常に　わたしは　生成されることのない本質である　欲望を持たず

誤りもおかさない
わたしは　純粋であり　目覚めており　永遠であり　主である
わたしの本質は　音節オームの意味であり　わたしにはどんな汚点もない(7)

原註

(1)「第四段階」とは、ブラフマ・バーヴァ、あるいはエーカター・バーヴァ、つまり、ブラフマンそのものとの一致（一体化、同化）の状態である。
(2) あらゆる煩悩（クレーシャ）のない純粋さ、貪欲とか、繁栄や窮乏がもたらす曇りの全くない純粋さ。
(3) 神性のひとつの名。「常にいやしに満てる者」。
(4) 精神が「純粋な認識」となった時点では、概念的思考は克服され、思弁的悟性の思考器官は制御されている。
(5) 世界を運んでいる原初の大蛇。
(6) 多元性すべてが消え失せると、この残余のみが残る。
(7) 意味するところは「あらゆる見せかけ、多様性や多元性がもたらす誤った構図から自由である」。

訳註

*1　オットーがどのサンスクリット・テキストを見たかは不明であるが、一九二〇年にサンスクリット・テキストが出版されている（*The Yoga Upanishads with the Commentary of Sri Upanishad-brahma-yogin*, ed. by A. Mahadera Sastri, Theosophical Society, Madras)。その英訳には次のものがある（*The Yoga-Upanishad-s*, tr.

by T. R. Srīnivāsa Ayyaṅgār and ed. by G. Srinivasa Murti, The Adyar Library Series, No. 20, The Adyar Library, Madras, 1952)。以下、このサンスクリット・テキストをマドラス版と呼ぶことにする。オットーがここに訳している部分は、サンスクリット・テキストの pp. 64-68（英訳 pp. 42-46）にあたる。

オットーがどのテキストを用いたのか不明である以上彼の翻訳を云々することは困難であるので、マドラス版との比較において顕著な点を数点註記するにとどめたい。

＊2 「本性から」以降の部分は、マドラス版サンスクリット・テキストでは「心と虚空を本質とする」と読むことができる。オットーの見たテキストが異なっていたことは充分考えられる。

＊3 「わたしの本質は　存するものであり最高の歓喜である　わたしの本質は精神であり最高の歓喜である」と読むべきであろう。

＊4 マドラス版のテキストには「わたしの本質は　常に残るものである」とある。

＊5 マドラス版のテキストには「精神そのものと同一の本質を有する」とある。

＊6 あるいは「わたし自身の本源的心の中に」と読むことができる。

＊7 マドラス版のテキストには「精神のみを本質としたブラフマンである」とある。

＊8 ここに言う「お前」と「それ」とは、「お前はそれである（tat tvam asi）」といういわゆる大文章(mahāvākya)の中の語を指している。

＊9 「純粋なる存在の歓喜」云々の代りに、「ただただ存するものであり　歓喜を有するものである」と読むべきだろう。

五　神は個人的存在ではない

——一四七頁のために——

神は、目に見えぬ、全能の、もっぱら精神的な神格である場合のみ、個人的存在であり得る。それ自身聖なる神格であり、つまり「聖なる」という述語のみをもつ神格であり、神格における「聖性自体」ではない場合もやはり、個人的存在であり得る。このような規定によってはじめて、人間と神の関係は、単なる個人的関係とのあらゆる類似から遠ざかることができる。そのようにしてはじめて、あらゆる罪は実際に神自身に対する罪となる。

「聖性自体」——それを古い学派の教義は「聖性という観念《イデア》」と呼んだ[1]。「観念《イデア》」という言葉から「観念論《イデアリスムス》」という言葉が生まれている。キリスト教は「罪」を単なる個人的関係の損傷以上のもの、あるいはそれとは別のものと見做しているから、それは必然的に「観念論」である。そのような観念論に対する信仰告白を聖書がすでに行なっている。「ヨハネによる福音書」がそれである。そこでは、「ロゴス」、「生命そのもの」であり同時に「真実そのもの」であるロゴス、つまり生命の観念《イデア》であり真実の観念《イデア》でもあるロゴスが、永遠にして原初的な神自身の本質の中へ含み込まれている。ロゴスが生命を持つのではない。そうではなく「私が生命である」。ロゴスが真実をもつのではない。そうではなく「私が真実である」。

アウグスティヌスは、「ヨハネによる福音書」の第一章を註釈するなかで――最初の人としてではないが最重要の人として――このキリスト教に不可欠の「観念論」を発展させている。アウグスティヌスは彼の神に関する思想においてイデアと具象的な原精神とをひとつに結びつける。そして彼は、己れを知っているあらゆるキリスト教神学にこの思想を与えたのである。というのは、神はイデアと具象的な精神のふたつの合一したものでなくてはならない。さもなければ、それはキリスト教の神ではなく、単にひとつの献信の宗教の神にすぎない。太古からの具象的精神たる神は、人が属性を有するように聖性を持つのではない。そうではなくて神は「聖性そのもの」である。ちょうど永遠のロゴスを神が「有する」のではなく、ロゴスが神である（Theos ēn ho logos）のと同じように（神がその諸特性を「有する」のではなく、神がそれ「である」と主張するスコラ的教義を参照せよ。神は特性として「慈悲」を有するのではなく、神がその慈悲そのものである）。献信の宗教はこの教義を知らない。この宗教においては、イーシュヴァラはその「永遠の特性」を有する。つまり、イーシュヴァラはあらゆる理想的属性が果てしなく付与されても、常に単なる「個人」なのである。

同時にアウグスティヌスは、その神に関する思想によって、われわれが「神学的二律背反」と呼ぶところの神学上の最も困難な問題を提供したのである。この二律背反は、罪の意識のなかであらゆるキリスト教的な敬虔な神感情を事実上成就させる一方、概念的な教義の構築の作業を困難にし、教義が完成しそうに見えても決して完成には至ることのない、本質的な「二者の合一化」を含むものである。

原註

（1）「聖性という観念《イデア》」は、その際同時にわれわれの表象能力の単なる認識力（notio）ではなく、考え得る限り最も客観的な、最も現実的なものを意味する。

六　すべては恩寵から
——第三章結論部のために——

恩寵の教義の究極の核心は、ヤームナの詠んだ「麗しい讃歌」の中のすばらしい言葉によって示されている。

身体にしろ、感官にしろ、心《マナス》にしろ、意識にしろ、アートマン（ātman）にしろ、そのうちのどこにわたしが居ようとも、あるいは、わたしがそもそも（存在論的に）何者であれ、そのようなことは、わたしにはささいなこと。時と次第で、わたしはあれとなり、これとなろう。

（わたしに分かることはただひとつ）、あなたの蓮華のような足先でわたしが私となること、それもたった今。[*1]

古《いにし》えの註釈家はこの讃歌について次のように言う。「諸学派のあらゆる試み、「私」が何であり、どんな大きさかを決める試み、あるいはその他の点で「私」がどのような者であるかを決めようとする試み、そこにはあまり大した価値はない。すべてを知る「あなた」がそれを知っておいでだから。わたしがあなたの〝のこり〟であること、それがわが存在の核心である」。そればかりかヤームナは先の讃歌の中で次のように告白することによって仏教徒たちの瞬間性（刹那性）の教義をすら取り入れている。「わたしはわたしがあるところのものである。あなたの恵みによって。そしてわたしはちょうど今この時においてこうした存在なのである」。彼の言ったことすべてのなかで最も優れているのは、存在とは「在ること」ではなく、「恩寵によって在ること」であり、また在ること一般ではなく、「瞬間瞬間に新しく恩寵によって在ること」である、[1]という考えである。

前述のように、ここには後世この派の中でますます強力に発展したところのものがすでに準備されている。形而上学的関心は恩寵の教義の諸問題の前では後退してしまうのである。それらの諸問題こそがわれわれにおけると同様インドでも中心問題となったし、われわれにおけると同様にそれは教団内部の深刻な危機につながるものともなった。恩寵の教義の諸問題は、かの地でも、われわれ自身の問題との類似のために再三再四われわれを仰天させるような問題を生み出してきたのである。

存在の潮に身を沈めつつ　ついに

わたしは　あなたの中に岸を得た
あなたもまたしかし　わたしにおいて少なからぬものを得た
　恩寵があふれるほど注ぎこむ　桶を[*2]

　ヤームナは今日ほとんど知られていない。わたしがヤームナの『三つの証明』[*3]を知ったのは、わたしの最後のインド旅行の途次、マイソールに滞在した時、ラーマーヌジャ派の人々の間においてであった。わたしたちは午前中、ラーマーヌジャ教団の首座の後継者たる、尊敬すべき透徹した知の持主パラカーラ・スヴァーミン師を訪ね、午後にはマイソール侯の好意の車でチャームンディー山の山頂にあるナーラーヤナをまつる小さな寺院を訪ねた。その戻り道で太陽が沈んだ。われわれの眼下には広大な赤褐色の南インドの高原が、北は銀色の母なるカーヴェーリー河から、南はニルギリの険しい、切れこみの目立つ山壁まで大きく拡がっていた。夕闇が急速に落ちてきて、そのながめは溶けこんで見えなくなった。それらを見はるかす高台でわれわれは、年老いたブラフマンで制限不二論の諸聖典の精力的な註釈家たるアルコーンダヴィリィ・ゴーヴィンダとともに黙って坐っていた。まだ新しい闇を破って一番星が光りはじめた時、彼は、ヤームナのかの讃歌を低く口ずさんだのだった。

　時と次第で　わたしはあれとなり　これとなる

わたしに分かることは　ただひとつ　あなたの蓮華のような足先で　わたしが私となる
こと
たった今　この時に

原註

（1）つまり、宗教的意味における人間の定義は、「常に新しく恩寵によって在るもの」である。この言葉はパウロの「恩寵によって私は私があるところのものである」という言葉を思い起こさせる。そのような存在のもつ「刹那性」という思想によってヤームナは、恩寵への完全な依存という点に関しては、パウロよりもさらに先鋭的である。

訳註

＊1　『ヴィシュヌ・ナーラーヤナ』一九一七年版、S. 51 参照。

＊2　『ヴィシュヌ・ナーラーヤナ』一九一七年版、S. 48 参照。

＊3　テキストと英訳に関しては以下のものを参照。R. Ramanujacharya, *Sri Yamunacharya's "Siddhi Traya" with an English Commentary*, Ubhaya Vedanta Granthamala Book Trust, Madras, 1972.

訳者あとがき

一

ルイス・カール・ルードルフ・オットー Louis Karl Rudolf Otto は、一八六九年九月二十五日、西独ハノーヴァーに生まれた(1)。一三人の子供の中、一二番目であった。彼の家は宗教的な雰囲気に満たされていたと言う。一八八四年、彼はルター派教会の正式メンバーとして認められた。一八八八年、オットーはエアランゲンのフリードリヒ・アレクサンダー大学で学生生活を始め、ゲッティンゲン大学に移り、一九八九／九〇年の冬学期ふたたびエアランゲンにもどった後で、フリードリヒ・シュライエルマッハー（一七六八—一八三四年）の思想に触れている。シュライエルマッハーはオットーにとって、ともすれば世界から超絶しがちなキリスト教信仰を文化と自然へと接近させるための一つの武器となった。一八九一年から九九年まで彼はふたたびゲッティンゲン大学の学生であった。その間の一八九五年、エジプト、パレスティナ、およびギリシアに旅行するが、ギザのスフィンクスの前で彼は、「聖なるもの」の感得を体験する。さらに、エルサレムに近づいたとき、日没時の虹の美しさの中に「聖なるもの」を見た。

一八九八年、彼の最初の主要著作『ルターにおける聖霊の観念（*Die Anschauung vom heiligen Geiste bei Luther*）』が出版された。オットーがルター派に属したことはすでに述べたが、オットーに対するルターの影響は彼の生涯を通じて大きなものであった。ここに訳出した著作において扱われているキリスト教信仰は、実際にはルター的信仰である。もっとも、この後（二〇世紀初頭の一時期）、オットーはアルブレヒト・リッチュル（一八二二―一八八九年）の文化神学に強い影響を受けた結果、ルター派教会からしめだされた。ノイローゼ状態の彼を勇気づけたのは、リッチュルと近い立場をとったエルンスト・トレルチ（一八六五―一九二三年）であったと言われる。

一九一一年のアフリカ等に旅行の際、モロッコで「人々の祈りの声の中に」、「聖なるもの」を感得した。この年の暮れから翌年にかけてインド、ビルマ、タイに行き、そして来日している。日本では禅僧たちに対して講演しており、その記録が残っている[2]。

オットーの本格的なインド研究はこの「東洋への旅」以後に始まったと思われる。彼がどのようにしてサンスクリットを学んだかはよくわかっていないが、一九一六年にはサンスクリット・テキストの翻訳『ニヴァーサの註（*Dīpikā des Nivāsa*）』を、翌年には『ヴィシュヌ・ナーラーヤナ（*Visnu-Nārāyana*）』と『ラーマーヌジャの宗義（*Siddhānta des Rāmānuja*）』を出版した。これらの三つの翻訳、特に第二のものは本書においてしばしば引用、言及されている。オットーのサンスクリット原典研究は晩年まで続き、一九三四年には『バガヴァッド・ギーター』の分析である『バガヴァッド・ギーターの原型（*Die Urgestalt der Bhagavad-Gītā*）』を出版している。

オットーの主著『聖なるもの（*Das Heilige*）』は一九一七年に出版された。この時期はオットーが最もエネルギッシュにサンスクリット・テキストの研究に打ちこんだ時期――あるいはその直後――にあたる。『聖なるもの』の成立時期は詳しくはわかっていないが、その内容の構成には数年を要したであろうから、オットーはヒンドゥー教の研究と『旧約』および『新約』における「聖なるもの」の研究とを同時に進めていたことになる。

『聖なるもの』の出版の年、オットーはマールブルク大学にポストを得て、リッチュル派の神学者ウィルヘルム・ヘルマン（一八四六―一九二二年）の後継者となった。ここで一九二九年まで在職した。一九二三年、米国のオバーリン大学で西洋と東洋の神秘主義について講演した。この成果がエックハルトとシャンカラの神秘主義を比較した『西洋と東洋の神秘主義（*West-Östliche Mystik*）』（一九二六年）（『西と東の神秘主義――エックハルトとシャンカラ』華園聰麿・日野紹運・J・ハイジック訳、人文書院、一九九三年）であり、これは彼の主著の一つである。

本書『インドの恩寵の宗教とキリスト教』（『インドの宗教とキリスト教』）は、この『西洋と東洋の神秘主義』と相互に補い合う関係にある。すなわち、前者は彼のヴィシュヌ教における人格神への信仰を取りあつかっているが、後者において扱われているシャンカラ派の哲学は非人格的な実在を直証しようとしたものだからである。ラーマーヌジャの思想に代表されるヴィシュヌ神を中心とする思想と、シャンカラによって代表される宇宙原理ブラフマンに関する哲学とが、ヒンドゥー教の主潮流ヴェーダーンタ学派において抗争を続けたことはよく知られている。二派の関係はまたオットーのヴェーダーンタ思想の研究の中での主要関心事でもあった。

一九二七年、オットーはセイロン、インド、パレスティナなどを旅した。ボンベイの近くのエレファンタ島でシヴァ神の石像に感動したと語っている。本書は、ウプサラ大学等での講演を「その後のインド研修旅行」、つまり、この一九二七年の旅行の成果によって敷衍、発展させたものである。一九一〇年代のはじめから開始されたオットーのヴィシュヌ教研究は、いくつかのヴィシュヌ教関係のテキストの翻訳を踏まえ、本書によって一応の結論を見るのである。

もっともオットーのヴィシュヌ教研究はこれで終わったわけではない。この後、オットーの関心は、『バガヴァッド・ギーター』などの原典研究を進める一方で、宗教のより普遍的な構造の解明に向けられた。晩年、一九三〇年代には倫理と宗教との関係にとりくんだ。

一九三六年、彼はおとろえていく自らの身体をかかえながら、台頭するナチズムにおびえていたと言う。オットーの妹は彼の友人にあてた手紙（一九三六年十二月）の中で、オットーが「よく泣いている」と書いている。一九三七年三月六日、オットーは死ぬ。しかし、その状況は謎めいたものだ。ある研究者（Philip C. Almond）は、彼は高所から飛びおりて自殺しようとしたがはたせず、脚を折ったまま、体力を弱らせたのではないかと推測している。(3)

二

『聖なるもの』の成功にひきくらべ、彼の晩年は、政治的な事情があったにせよ、不幸なものであった。思想家の運命でもあろうが、彼の周囲は彼に対して必ずしも好意的であったわけではない。彼は、少なくとも三つの領域に接していた。つまり、第一にカール・バルト（一八八六―一九六八年）やルードルフ・ブルトマン（一八八四―一九七六年）たちによって代表されるプロテスタントの危機神学と、第二にリッチュルやトレルチによって進められた――そして、危機神学の批判対象である――文化神学と、第三に神学とは一応切り離された態度、方法を採るインド学とである。オットー自身はルター派の信仰――これはどちらかと言えば危機神学の態度に通ずる――を守ろうとしながらも、カント、シュライエルマッハー等に対する同調を捨て切ることができず、文化神学に接近するのである。しかし、『聖なるもの』は結局は、文化神学に属するものではなかった。一方で、彼はサンスクリットのテキストを訳し、ヒンドゥー教の聖典『バガヴァッド・ギーター』の原型に関する論考を行なう。ここでは彼はインド学者として原典に立ち向かっている。しかし、彼のインド学者としての知識は、当時のインド学者の水準には及んでいなかったのではないかと思われる。少なくとも、今日のドイツで彼はインド文献学者としての評価を受けていない。だが、キリスト者オットーの偉大さの一つは、自らサンスクリットを学び、原典に取りくんだことにある。もし彼がサンスクリットを学ばず、翻訳のみでインドの宗教を知ろうとしていたならば、本書も『西洋と東洋の神秘主義』も生まれていなかったであろう。

オットーは自分に好意的でない、あるいは自分になじみのない多くの領域に常に自らをさらしていた。彼はカール・バルトからは「一面的だ」と批判され、トレルチから勇気づけられても文化神学にとどまることはできず、自分の領域ではないインド文献学の領域でも死闘をくりひろげるというような研究生活を送ったのだ。要するに、彼は相互に抗争を続ける領域を共に理解しようとし、さらにまったく異なった伝統に育った神信仰との比較を試みていたのである。彼は自らの試みを心ゆくまでなしとげることはできなかった。それは彼個人の能力の限界というよりも、当時の社会的、政治的状況によると考えるべきであろう。オットーはディートリヒ・ボンヘッファー（一九〇六―四五年）のようにナチズムに対して武器を取って立ち向かうことはなかった。しかし、オットーもまた己れの信ずるところに従って戦線の長い苦しい戦いを戦ったのだ。

三

『旧約』の神ヤハウェは「無」より世界を「創造した（bārā'）」。この「創造した」という単語は神の世界創造を意味するときにのみ用いられ、人間が道具などを生む場合とは区別されている。もっとも『旧約』の創世記は、はじめにおいて神は「天（shāmaîm）と地（'ereç）を創造した」と述べており、「世界」を創造したとは述べていない。創世記が編纂された時期にはまだ「世界」の概念が存在しなかったからだ。だが『旧約』以降、「天と地」すなわち被造物は神と隔絶されたもの――被造物としての世界――として存続してきた。

このような伝統の中にいるオットーから見て、インドにおける世界の成立はまことに異質なものであった。インドは「無」からの創造というキリスト教の教義を知らない。そこでは被造物は単に神によって造られたものではなく、神から造られたものである。その意味で神と世界および人間とは隔絶したものではなく、同質性によって結ばれている。インドの諸宗教において、個が全体（世界・宇宙）の中へ合一することが目指され、それによって彼らの「聖なるもの」に触れうる、とされていることと、この同質性は無縁でないだろう。しかし、このことは、決してインドで世界が自立性を有し、高く価値づけられていることを意味しない。オットーはヤームナを引用する。

この全世界はブラフマンの力の誇示、ブラフマンの力の展開の際にこぼれるわずかな一滴以外の何ものでもなく、ヴィシュヌの偉大な栄光という大海の一滴の中の一部分にすぎない。(本書五八頁)

自立性や独自性という点に関して、被造物は創造主に対して全く下位にあるというこの感情は、『聖なるもの』においてオットーがヌミノーゼの第一要素として挙げている被造者感情、「全被造物の上に立つ方に対して、おのれ自身の虚無性にうち沈み、そこに消え去ってしまう被造者の感情」(岩波文庫二六頁)と呼応するものであり、人間の小ささや有限であることの感情はインドにおいて著しい。一方、無から創られるキリスト教の世界は、キリスト者が必然的使命としての他者への行為を行なう場として不可欠のものであり、それゆえ高く価値づけられている。

イスラエルの預言者たちの教えの核心にあるのは常に彼らの民の運命であり、個々人の精神的至福ではなかった。インドでは、しかし、民族の運命あるいは自分たちの属する社会の状態よりも個々人の精神的救済が——今日われわれが「宗教」と呼んでいる領域においては——問題となったのである。インドの人々が自分たちの民族や社会に無関心であったと言っているのでは決してない。インド人ほど自らの社会の体制の維持に「見事な」装置を考え出した民族はいないと言ってよいであろう。ただ、宗教と呼ぶべき領域においてはほとんどのエネルギーが個人の精神的救済に――そして儀礼による現世利益の獲得に――費やされたのだ。

インドの宗教においては、世界（宇宙）と個人との関係が重視される。ヨーガ行者は自らと世界との本来的自己同一性を感得するためにこそエネルギーを費やす。彼が弟子を養育することはあっても、それは弟子という個体と世界との関係を弟子に教えているのであって、弟子と師、あるいは弟子と弟子という複数の人格によって構成される世間（世界）に正面から取りくむわけではない。

『聖書』の神は「この世界を、途方もなく価値づけて創った」（本書一〇三頁）。キリスト教信仰の核心たる「来るべき王国」の場所としてもこの世界は極めて価値あるものである。オットーがここで念頭においているキリスト教は近代のプロテスタンティズムであって、中世の修道院におけるそれではない。しかし、キリスト教が、複数の人間によって成立する場を当初から踏まえているのに対し、ヒンドゥー教信仰が最終的にはそのような複数の人間の世界――世間（loka）――からの脱出を目指しているという指摘は一応正しいと思われる。「一応」とはヒンドゥー教あるいは仏教においても世界あるいは世間の中での行為の問題について取りくんだ思想家がいないわけではないからだ。だが、一九二〇年代のオットーの指摘が大幅に修正を受けねばならぬような思想史上の事件はまだ起きていない。

オットーは当然ながらキリスト教の罪の贖いに最高の救いを予想しながらも、その立場にとらわれず、二つの信仰を見とおす「別の目」の出現を期待している。そのような「目」も現在まだそれほど明らかには現われていない。本書は今日の読者にもなお新しい呼びかけを多く含んでいると思ったのが、この書の翻訳を思い立った動機である。

四

本書が出版された時点ですでにオットーは「マールブルク宗教学資料館（Marburger religionskundliche Sammlung）」を開いていた。この資料館はマールブルクの町を見おろす丘の頂上付近に建っており（写真参照）、今日でも（一九八八年当時）活動を続けている。一九八四年秋には、現代日本の宗教事情を紹介する資料が展示されていた。オットーの時代にすでに始まっていた「東洋からの光」の西洋への浸透は、ゆっくりした速度ながら強まっており、学問的関心のほか、大学や街中で、マンダラ、ヨーガ、禅などの「流行」を見ることができる。オットーが望んだ対話も一部では始まっているように思われる。

本書の末尾にはオットー自身のマールブルクの資料館についての説明がある。

マールブルク宗教学資料館は、観察、研究、教育上の目的のために、「自然宗教」および文化宗教など、地球上の諸宗教のシンボル、儀式、礼拝用品などを集めようとするものである。また、ここにはキリスト教の諸宗派やその伝道に関する資料にあてられた格別の部門がある。この資料館は、比較宗教史に関心を持つ人々の自発的基金および自

上：マールブルク宗教学資料館（中央の建物）
下：同資料館入口

発的研究に基づいている。収集への援助および私財のうちの宗教学的資料の譲渡やその仲介は、感謝をこめてお受けいたします。

五

オットーは資料館の紹介の後に自分の主要著作を分類した一覧をのせている。彼が自らの思想体系をどのように考えていたのかをうかがわせるものである。本書が『聖なるもの』と同じグループに入っていないことは同じグループに入り、『ヴィシュヌ・ナーラーヤナ』と同じグループに入っていないことは注目さるべきだ。以下にその一覧のほぼ全容を再録したい。

A　神学および宗教哲学

Das Heilige, Leopold Klotz Verlag, Gotha, 1930.（二〇版）
Sensus numinis, Leopold Klotz Verlag, Gotha, 1930.（五版）
West-Östliche Mystik, Leopold Klotz Verlag, Gotha, 1929.（二版）
Die Gnadenreligion Indiens und das Christentum, Leopold Klotz Verlag, Gotha, 1930.
Naturalistische und religiöse Weltansicht, J. C. B. Mohr (Paul Siebeck), Tübingen, 1929.（一九〇九年版の複製）

Kantisch-Fries'sche Religionsphilosophie, J. C. B. Mohr (Paul Siebeck), Tübingen, 1921.（一九〇九年版の複製）

Fr. Schleiermacher: Über die Religion, Vandenhoeck & Ruprecht, Göttingen, 1927.（五版）

Die Anschauung vom Heiligen Geiste bei Luther, Vandenhoeck & Ruprecht, 1898.

B　宗教史

Visnu-Nārāyana, Eugen Diederichs Verlag, Jena, 1923.

Siddhānta des Rāmānuja, J. C. B. Mohr (Paul Siebeck), Tübingen, 1923.（一一版）

Dīpikā des Nivāsa, J. C. B. Mohr (Paul Siebeck), Tübingen, 1916.

Rabindranath Tagore's Bekenntnis, J. C. B. Mohr (Paul Siebeck), Tübingen, 1931.

C　哲学

Immanuel Kants Grundlegung zur Metaphysik der Sitten, Leopold Klotz Verlag, Gotha, 1930.

Sinn und Aufgabe moderner Universität, N. G. Elwert'sche Verlagsbuchhandlung, Marburg, 1927.

D　儀礼（礼拝）

Zur Erneuerung und Ausgestaltung des Gottesdienstes, Alfred Töpelmann, Gießen, 1925.

Chorgebete für Kirche, Alfred Töpelmann, Gießen, 1928.（11版）

E　倫理（近刊予定）

„Wert, Würde und Recht," *Zeitschrift für Theologie und Kirche*, 1931, Heft 1.

„Wertgesetz und Autonomie," ebenda, Heft 2.

„Das Schuldgefühl und seine Implikationen," *Zeitschrift für Religionspsychologie*, 1931, Heft 1.

„Das Gefühl der Verantwort l: chkeit," ebenda, Heft 2.

一九三〇年以後のオットーは、一方で倫理と宗教との関係に関心を持ち、他方ではヒンドゥー教の原典研究に力を注いだ。彼の『バガヴァッド・ギーター』研究は彼の死後 *The Original Gītā*, tr. and ed. by J. E. Turner, George Allen and Unwin, London, 1939 に結実した。『インドの宗教とキリスト教』（『インドの恩寵の宗教とキリスト教』）は英訳されている。*India's Religion of Grace and Christianity*, tr. by Frank Hugh Foster, The Macmillan Company, New York, 1930.

この英訳の入手に関しては日野紹運氏（岐阜薬科大学助教授、インド哲学）の手をわずらわした。御礼申しあげます。

六

本書の存在を知ったのは、一九七九年秋、ハンブルク大学に学んだ時であった。オットーの他の著作とともに本書をコピーして帰国し、しばらく経ったときに、人文書院からお話があり、本書の企画を申し出た。われわれ二人が翻訳を始めてから途方もない時間が経ってしまったが、校正を眼の前にして今、おそらくはわれわれ二人の人生の中で最も忙しい時期の中で、消えてしまわずに生き残ってくれた「われらがオットー」の誕生を喜んでいる。

本訳書の二枚の写真（四一、四二頁）と説明は原書に見られるが、それ以外の写真は訳者が挿入したものである。オットーが本書で引用した『ヴィシュヌ・ナーラーヤナ』一九二九年版を入手することはできなかった。この翻訳においてはEugen Diederichs社の一九一七年版を参照した。

この翻訳ができあがるまでには実に多くの方々のお世話になった。

まず本書にめぐり会う機会を与えていただいたフンボルト財団およびハンブルク大学インド学研究所に厚く御礼申しあげたい。

土岐正策氏（名古屋外国語大学助教授、西洋史学）に訳稿を読んでいただき、特にキリスト教関係の事項に関して丁寧な御教示を得ることができたことは、われわれにとってまことにありがたいことであった。また、エドムント・ヘルツェン氏（名古屋大学教授、ドイツ文学）はドイツ語に関する質問に労を惜しまず答えてくださった。

そして、この拙訳を「流産」から救ってくださったのは人文書院の谷誠二氏である。氏のしんぼう強いはげましがなかったならば、この訳書は生まれていなかった。

これらの方々、またここに書くことのできなかった多くの人々に対し、謝意を表する次第である。

一九八八年十一月

立川武蔵
立川希代子

（1）この節（二）は主として Philp C. Almond, *Rudolf Otto, An Introduction to his Philosophical Theology*, The University of North Carolina Press, Chapel Hill and London, 1984 に依っている。

（2）Rudolf Otto, "Parallelisms in the Development of Religion East and West," *Transactions of the Asiatic Society of Japan*, 40, 1912, pp. 153-158.

（3）Almond, op. cit., p. 21.

学術文庫版あとがき

一

本書『インドの宗教とキリスト教』（原題『インドの恩寵の宗教とキリスト教』）は、ルードルフ・オットーが百年前の一九二四年、カッセルの教区総会で行なった講演に基づき、一九三〇年に出版されたものである。彼は一九三七年に世を去ったが、その死の四年前にはナチ政権が確立されている。彼はナチズムに迫害されたというわけではなかったが、賛同したのでもなかった。オットーが生涯をかけて育てようとした「聖なるもの」は、ナチ政権下では彼が考えたものとは異なったものへと変わっていった。オットーはそれを目の当たりにしながら亡くなったのだ。

わたしは二〇二四年の六月一日から七夕までアメリカのミネソタ州のある大学町にいた。アメリカは今、転機点を迎えつつある。それは誰もが認めることだろう。日本は世界の中では決して「貧しい」国ではない。これまでにわたしは宗教調査のためにネパールやタイを幾度も訪れる機会があったが、しばしば「お前はどこから来たのか」と聞かれた。日本人に見られたことはほとんどない。「日本から来た」というと、「日本はいい国だ」という答えが返ってきた。

そんな日本人であるわたしから見ても、アメリカは実に豊かだ。日本ならば見物人が集まるような巨大なトラックが頻繁に走っている。機関車三台に牽引された貨物列車——それも新幹線の三倍もあろうかと思われるほど長い——が毎時間のように走るのが樹々の間から見える。高速道路の脇に並ぶ樹木の幹の太さに驚かされる。樹木たちは切り倒されることなく育つことができたのだ。日本、さらにはインドやネパールでも道路拡張のために並木が取り払われてしまって巨木になる時間はない。

わたしは一九六〇年代後半の三年半および一九七五年の前半、アメリカの大学で学ぶことができた。その時の体験を、一九七七年のインド留学の体験とあわせて『インド・アメリカ思索行——近代合理主義克服への道』（山と溪谷社、一九七八年）に書いたが、そこに五十年以上前のアメリカに対するわたしの印象を述べている。

ほとんどのアメリカ人が歴史上最も豊かで自由な自分たちの国が坂を登りつめ下り坂にさしかかっていることを意識している。一九二九年のパニック以後の危機の時代には、アメリカはまだ上昇しつつあるもののみに許された建設的な態度でナチズムの暴力を憎んだ。だが、六十年代の終りを境としてアメリカの国際的地位にも国内的状況にも大きな変化が起こった。精神文化の側面についていうならば、非合理・神秘的なものへの傾斜が目立ってきていることが挙げられるだろう。（同書、七四頁）

二〇二三年の六月と二四年の六月をアメリカで過ごして、わたしは五十年前の直感が大きく間違っていないのではないかと思った。わたしのかの本の「あらすじ」をアメリカの指導教授にある人が伝えた結果、先生は「立川はアメリカの生活を楽しんでいたはずなのに」と嘆いておられたと伝え聞いた。わたしはかの書においてアメリカを「悪く」書いた覚えはなかった。今回は誤解を招かないようにわたしの考えを友たちに英語でも伝えておこうと思う。

曲がり角に来ているのはアメリカのみではない。日本もまさにそうなのだ。三十年以上も前にわたしは「このままでは日本は大変なことになる」と当時勤めていた大学の講義で述べたことがある。「サッカーの試合を見に来ているような態度」の学生たちに対してであった。

その後の日本の経済力、学力、「国民の気力」などを考えるならば、残念ながらわたしの「予言」は間違っていなかった。

二

今のアメリカの状況がナチズム台頭のそれに似ている、と幾人かのアメリカ人がいう。おそらくそれは正しいのであろう。ナチズムが合法的に政権を取って勢力を伸ばしつつあったとき、一般のドイツ国民には「自分たちは世界大戦の準備をしている」という意識はなかったに違いない。日本政府が東南アジアの石油をおさえ、中国に「進軍しつつあった」とき、一部の者たちを除いて、一般の日本人は大戦への準備だとは考えていなかったであろう。第二次世界大戦下、人びとは、ほんの一握りの思想家たちを除いて、時代に押し流されていった。これからのアメリカがどこに行くのか、そして日本の行方がどこなのかはわたしには分からない。ただそれとして表現できない恐ろしきものが忍び寄っているような気がしてならない。

二〇二四年のアメリカ滞在中、テレビのニュースでよく取り上げられたのが中絶禁止の問題だった。現在、アメリカではかなりの数の州において中絶禁止法が成立している。五十年前に合法だったものが最近になって覆されたのだ。わたしは今ここで中絶禁止の是非を論じようとは思わない。だが、なぜ今になってそのような大きな動きがアメリカ全土で起きてきたかは考えるべき問題であろう。この動向にはアメリカにおけるキリスト教「福音派」を中心とするファンダメンタリズム（根本主義）の台頭が関係していると思われる。この派は聖書の字句を文字通りに解釈しようとする傾向が強い。この派さらにはこの派に影響を受けた人びとによれば、中絶は「殺人」であるのだ。レイプの犠牲者の場合も中絶は許されないという。

中絶ばかりではない。避妊（コントラセプション）も禁止しようとする動きがある。「命の元である精子の運動」を妨げるのは神の意志に反するということらしい。

ならば、「牛、豚、羊は殺しても殺生にならないのか」というような議論は起きない。神はまず人（アーダーム）をつくり、人のために他の生類をつくったと考えられているからだ。すくなくとも、そのように解釈されてきた。ユダヤ・キリスト教的世界観では「神・人間・世界」がいわば縦に並ぶ。一方、ヒンドゥー教・仏教的世界観では「神・人間・世界」が横に並ぶのである。「中絶が殺人か否か」の問題は、すくなくとも日本などでは別の観点から論じられるであろう。

三

アメリカでも宗教と政治は分離されるべきだと考えられている。しかし、今日のアメリカを見ていると、宗教的なものがますます多くの人びとの心を摑み、宗教団体が社会的・政治的な力を急速に持ち始めているようだ。そして、今や「中絶禁止法」は一種の「聖なるもの」しかも「社会的・政治的に公認された聖なるもの」になってしまった。この「聖なるもの」は裁判所で「合法的に裁定されたもの」であって、人びとは「民主的に決められたもの」と考えている。つまり、ファシズム的権力によって押し付けられたものではないと信じているのだ。

しかし、この「合法的に政治的力を得た聖なるもの」にわたしは強い不安を覚えている。宗教的なものが「政治的力」を得たときには、歴史が証明するように、人びとは大きな危険の近くに居ることがしばしばなのである。

宗教が国家あるいは皇帝の庇護のもとに勢力を有してきたことも歴史が語る通りである。あれほどの迫害を受けていた初期キリスト教は、三一三年、ローマ帝国のコンスタンティヌス帝によって公認された。近世以降のイギリスやフランスにおいて王室の庇護のもとにキリスト教があったことはいうまでもない。インドでも紀元前三世紀のマウリヤ朝のアショーカ王の庇護のもとに初期仏教は勢力を得たのであり、クシャーン朝では二世紀のカニシカ王のもとで初期大乗仏教が栄え、四—六世紀のグプタ朝においては大乗仏教およびヒンドゥー教が歴代の王たちの援助を受けたのであった。日本にあっても奈良仏教は国家鎮護のためのものだったわけであり、最澄や空海の仏教も朝廷の援助・庇護がなければ成立しえなかった。

しかし、宗教が国家の政策のために「不幸な」運命を辿ったこともあった。ナチズムと宗教の関係は難しい問題だ。これまでに多くの研究者がこの問題に取り組んできた。ヒトラーがある種の「神話」あるいは「国民的祭儀」を作り上げようとしたことは確かだ。そしてヒトラーがどのようにしてあの短期間の内に、「ナチ宗教」とも呼び得るものを作り上げることができたのかは大きな謎だ。だが、次のことをいうことはできる。ヒトラーが政治の舞台に現われたときには、人びとの心の中には何らかのきっかけがありさえすれば、「国を挙げて」巨大な祭儀のなかに飛び込んでいくというような下地があったのだ。それをヒトラーが敏感に嗅ぎ取った。その下地は、第一次世界大戦の直後からドイツ人たちの間で徐々に「発酵していた」ものだったと思う。

日本でも同じようなことが起きた。第二次世界大戦下の日本では、阿弥陀仏と天皇とは並ぶものと考えられた。阿弥陀崇拝にあっては個々人の計らいは、阿弥陀仏の働きを損ねるものである。人は計らいを捨てて阿弥陀仏の誓願に身を任さねばならない。このような「神学的構造」が社会的・政治的な局面にそのまま移されたとするならば——そして、それは実際に移されたのであるが——人の社会的政治的行動は「阿弥陀信仰に反抗するもの」として排斥されることになる。日本にあっても「聖なるもの」として阿弥陀仏は個々人の信仰を束縛したのである。というよりも、人びとの多くはそれを「束縛」とは認識しなかった。「政治的に公認された」聖なるものを人びとは受け入れていったのだった。「阿弥陀仏を天皇と同じように考えた」幾人かのイデオローグが牽引者の役を果たしたであろうが、問題は国民のほとんどがそのような「聖なるもの」の神話を信じて疑わなかったことである。これは、先に述べたドイツの場合と同様に第二次世界大戦直前に起きた現象ではなく、かなり以前から日本という土壌の中で徐々に「発酵していた」ことなのである。

ドイツや日本で起きたのと同様のことが今、アメリカで起きつつあるというつもりはない。ただ、わたしは不気味なものを感じている。

四

「聖なるもの」という概念はもともと旧約学において重要な概念であった。一九一七年に出版されたオットーの『聖なるもの』の影響は旧約学に留まることなく、宗教学および宗教哲学に対しても新しい視点を与えた。オットー自身は「聖なるもの」を「俗なるもの」と対にして考察することはなかったが、この二概念を対にして考察する流れが一九三〇年代には始まっていた。

ルーマニア生まれのミルチャ・エリアーデ（一九〇七―八六年）は一九三三年、「ヨーガ――インド神秘主義の起源」を書き、一九三六年に出版している。その後、この論文は改訂され、一九六九年の英訳からの邦訳がある（『ヨーガ』、『エリアーデ著作集』第九・第一〇巻、立川武蔵訳、せりか書房、一九七五年）。この書のなかで彼はすでにかの対概念を用いているが、その方法はオットーのそれとは異なっていた。エリアーデは、現象学的方法を用いていた。その方法とは「さまざまな神話の内容の背後にある歴史的、地理的条件等に対する判断を中止し、それらに共通な心性のパタンをさぐり出すことである。エリアーデの学は「パタンの学」であるとさえ言うことができる。彼は諸民族の神話の中に共通に見られるシンボリズムのパタンを見出し、それらのパタンは人間の古代的心性に基づくものであり、その古代的心性は経済的、地理的条件等には還元不可能であり、歴史を越えたものだと主張する」（『ヨーガ』第一〇巻、二六一頁）。

一九七五年春、エリアーデ教授はハーヴァード大学に出講の予定であったが、風邪でシカゴから来られなかった。わたしはこの巨人を「見る」ことはできなかった。一九九一年の春学期、わたしがシカゴ大学にいたとき、エリアーデと親交のあったジョセフ・キタガワ先生（一九一五―九二年）にお会いすることができた。先生はエリアーデが居たアパートに住んでおられて、「エリアーデ先生は、この暖房の入った床に横になって「気持ちがいい」といわれていた」と話されていた（エリアーデは晩年、脊椎の病気に苦しんでいた、とのことであった）。わたしはキタガワ先生にエリアーデの方法が歴史理解に真に有効なのか、というような質問をした。先生は「宗教には個人的行為と集団的行為という二つのアジェンダ（検討項目）がある」といわれたが、エリアーデの方法自体には触れられなかった。キタガワ先生はエリアーデとはまた異なった宗教観をお持ちのようだった。

一九九一年頃のアメリカでは現在のような「キリスト教根本主義の台頭」は認められなかった。ともあれ、今日ではエリアーデ、ロジェ・カイヨワ（一九一三―七八年）等の多くの研究者、思想家によって「聖なるもの」と「俗なるもの」という二概念は、幾多の批判はあるものの、宗教理解のための基本的な「軸」の一つになっている、といえるだろう。このような状況を生んだ歴史的要因の一つにオットーの業績が挙げられる。

五

今日のアメリカに話を戻そう。わたしは現在のアメリカでは不気味な宗教的台頭が見られると述べた。その台頭は明らかに一種の「聖なるもの」への関心の高揚だ。そして、その「聖なるもの」とはオットーが生涯をかけて明らかにしようとした「神への信仰」でもない。オットーは晩年、「聖なるもの」が政治的に巨大な力を持って人びとを飲み込んでいくのを見ていたはずなのだ。また、オットーが求めたものは、エリアーデの「パタンの学」が明らかにしようとしていたものでもなかった。

今日、「聖なるもの」との関連においてわれわれが考えなければならないのは暴力であろう。アメリカや日本のみではなく世界各地において、すべての宗教的伝統が有する「聖なるもの」は「合法的・民主的に」あるいは国民の賛意を得て、暴走を始めているように思われる。一九二三年フランスに生まれたルネ・ジラールは一九七二年に『暴力と聖なるもの』を書いた（『暴力と聖なるもの』古田幸男訳、法政大学出版局、一九八二年）。当時、彼はニューヨーク州立大学バッファロー校で教鞭をとっていた。この書の中で彼は「聖なるものの働きと暴力の働きは一つのものでしかない。（中略）聖なるものは秩序と同じく無秩序を、平和と同じく戦争を、創造と同じく破壊を包含している」（同書、四一六頁）と述べている。「聖なるもの」をどのように規定するかは、宗教をどのようなものと考えるのか、あるいは自分がどの立場に立つのかによって異なってくるであろう。オットーが問題にしていた「聖なるもの」とルネ・ジラールが考えていた「聖なるもの」とはたしかに異なって見える。だが、「聖なるもの」を広く、歴史的に見るならば、ルネ・ジラールの理解は「ある局面の過度の強調」の傾向はあるにしても、正しいと思われる。宗教とわれわれが呼んできたものが歴史のなかですさまじい暴力をふるってきたことは誰も否定できない。そして、「聖なるもの」という概念、シンボリズム、イメージなどがその暴力の武器となったり兵士となったりしたことも誰もが知っていることなのだ。問題は、どのような「聖なるもの」を掲げるかである。もちろんこれには特効薬はない。

六

オットーは『インドの宗教とキリスト教』の中で『バガヴァッド・ギーター』(『ギーター』)を幾度も取り上げている。この書は人格神ヴィシュヌに対する「献信」(帰依)を説くヒンドゥー教の根本経典だからである。これは叙事詩『マハーバーラタ』の挿話であるが、この叙事詩は太古の北インドであった親族同士の戦争に基づいているといわれる。「五王子」の軍と「百王子」の軍との戦いが始まる直前、意気消沈してしまった「五王子」の総大将アルジュナに「勝ち負けを考えないで、戦え。武士としての務めを果たせ」とアルジュナの戦車の御者クリシュナが語ったのが『ギーター』なのである。この御者は実はヴィシュヌ神だったのだ。この書を戦争礼賛の書であるという人がいた。だが、そうではない。そもそも『マハーバーラタ』のなかでは戦いはすでに終わっていたのであり、『ギーター』の主眼は戦いで死んだ者たちの魂は如何にして救われるのか、であったのだ。

二千年に近い『ギーター』の歴史の中で、インドの指導者たちは誰も「剣と『ギーター』を持って戦え」とはいわなかった。マハートマ・ガンジー(一八六九—一九四八年)もプネー出身の志士ローカマニヤ・ティラク(一八五六—一九二〇年)も『ギーター』を重視したが「非暴力」を唱えた。それは「暴力」がまた「暴力」を生むことを知っていたからであり、『ギーター』が主張する自己犠牲（自己否定）の重要性を知っていたからだと思う。

たしかに「自己犠牲」という考え方はまた危険と隣り合わせである。すでに述べたように、大戦下の日本では「阿弥陀への信仰には自己犠牲（自己否定）が必要だ」といわれて個人的な「反問」は否定された。しかし、われわれには個人的な自己に対する「問いかけ」の道しか残されていないのである。これは「絶望的な道」のように見える。だが歴史が示すようにそれしかわれわれには残されていないのだ。

集団があるいは国家が「自己を問う」ことが本来は必要なのである。その際に不可欠なのは欲望を制御することだと思う。「欲望を達成することは善である」と考えている何千、何万の人びとの欲動を抑えることは不可能に見える。しかし、特に産業革命以後行なわれてきた「欲望の達成への飽くなき追求」はすでに大惨事を生んできた。それでも人びとは突き進んでいる。このようにいうと、多くの人が「では、今餓えている人たちにこのまま死ねというのか」という。そうではない、大きな戦争を引き起こすのは「餓えた人びと」ではなく、「武器を用意できる、餓えてはいない人びと」なのである。

オットーから離れてしまったように思われるかもしれない。だが、わたしは思う。オットーの求めた個々人の宗教行為に基づく「聖なるもの」が今の世界に最も必要なのである。「暴力」を生むのではない「聖なるもの」へのひとりひとりの祈りが必要なのだと。

三十五年もたってこの書が再版されるとは考えもしなかった。ありがたいことだ。妻が生きていたならば、喜んだであろうと思う。再版にあたっては講談社の岡林彩子氏にお世話になりました。厚く御礼申し上げます。「オットーなどもう古い」などといわずに、この書を多くの人が手にされんことを祈ります。

二〇二四年八月

立川武蔵

42-45, 49-55, 57, 77, 80, 90, 102, 123, 124, 136, 154, 210
『シュリー・バーシュヤ（*Śrī-bhāshya*）』 39, 49
ラマーバイ（Ramābhai）（1858-1922年） 91, 138
『リグ・ヴェーダ（*Ṛg-veda*）』 97, 153
リッチュル、アルブレヒト（Ritschl, Albrecht）（1822-89年） 107, 108, 151, 208, 211
ルター、マルティン（Luther, Martin）（1483-1546年） 26, 27, 31, 33, 54, 59, 60, 65, 67, 84, 110, 128, 135, 137, 141, 151, 161, 168, 169, 184, 208
ルドラ（Rudra） 66

-1287年）105
ネッフ、パウル（Neff, Paul）148, 152

ハ　行

パウロ（？-60年頃）61, 94, 109, 141, 142, 151, 180, 182, 205
『バガヴァッド・ギーター（*Bhagavad-gītā*）』15, 25, 27, 38, 39, 62, 74, 75, 77-79, 88, 90-92, 94, 115, 121-123, 134, 135, 153, 154, 157, 168, 169, 176, 209, 210, 212, 220, 234
パピアス（Papias）（1世紀-2世紀）124
ハラ（Hara）40
パラカーラ・スヴァーミン（Parakāla-svāmin）14, 42, 204
バラタ（Bharata）（王子）113, 150
ハリ（Hari）38, 40, 68
ハルナック、アドルフ・フォン（Harnack, Adolf von）（1851-1930年）87
ブッダ（Buddha）22, 64, 158, 161
プリティヴィー（Pṛthivī）146
『ブリハドアーラニヤカ・ウパニシャッド（*Bṛhadāraṇyaka-upanishad*）』57, 128
ペテロ（？-64年頃）148, 181
ベネディクト（Benedikt）（ヌルシアの）（480頃-543年）110
ペラギウス（Pelagius）（360頃-420年頃）141
法然（1133-1212年）26

マ　行

『マハーバーラタ（*Mahābhārata*）』15, 37, 160, 175, 234
無量光仏　26
無量寿仏　26, 27
モーゼ　65, 129

ヤ　行

ヤーダヴァ・プラカーシャ（Yādava-prakāśa）43
ヤハウェ　65, 99-101, 181, 213
ヤームナ・ムニ（Yāmuna-muni）30, 39, 57-59, 90, 119, 120, 143, 202-205, 213
　『我、神、意識に関する三つの証明（*Siddhitraya*）』（*Dreifache Erweis von Seele, Gott und Bewußtsein*）39, 59, 119, 204
ユディシュティラ（Yudhishṭhira）35-37, 60, 61, 85, 160, 161, 167, 168, 174
ヨハネ　106, 151, 154, 180
ヨブ　35, 169, 171

ラ　行

ラクシュマナ（Lakshmaṇa）113, 150
ラクシュミー（Lakshmī）131
ラーマ（Rāma）29, 85, 113, 144, 150
ラーマーヌジャ（Rāmānuja）（1017-1137年）13, 30, 31, 39, 40,

132, 150, 183, 209, 212
『ラーマーヌジャの宗義（*Siddhānta des Rāmānuja*）』 30, 208

カ　行

ガネーシャ（Gaṇeśa） 40
ガルベ、リヒャルト・フォン（Garbe, Richard von）（1857-1927年） 39, 62, 134
カント（Kant, Immanuel）（1724-1804年） 184, 211
『ギーター』→『バガヴァッド・ギーター』
『旧約聖書』 90, 115, 117, 154, 209, 213
キュロス（Cyrus）（前600頃-前529年） 117, 153
クリシュナ（Kṛshṇa） 22, 38, 75-77, 85, 120, 122, 144, 150, 157, 158, 234
ケーシャヴァ（Keśava） 38
ゲーテ（Goethe, Johann Wolfgang von）（1749-1832年） 139, 153, 154

サ　行

サヴィトリ（Savitṛ） 97, 98, 153
ザビエル（Xavier, Francisco de）（1506-52年） 25
シヴァ（Śiva） 37, 40, 194, 210
ジャナカ（Janaka） 77
シャンカラ（Śaṅkara）（8世紀） 14, 29, 39, 40, 41, 45, 77, 92, 102, 135, 209, 210
『ヴェーダーンタ・スートラ註（*Vedānta-sūtra-bhāshya*）』 41
シャーンディルヤ（Śāṇḍilya）（前7-前6世紀頃） 29
シュライエルマッハー、フリードリヒ（Schleiermacher, Friedrich Daniel Ernst）（1768-1834年） 53, 93, 103, 138, 154, 207, 211
『新約聖書』 73, 88, 90, 91. 103, 129, 142, 143, 154, 155, 178, 209
親鸞（1173-1262年） 26, 27

タ　行

『チャーンドーギヤ・ウパニシャッド（*Chāndogya-upanishad*）』 57
『テージョービンドゥ・ウパニシャッド（*Tejobindu-upanishad*）』 186
ドゥルガー（Durgā） 40
ドゥルヨーダナ（Duryodhana） 35, 36, 85, 166, 167
トマス・アクィナス（Thomas Aquinas）（1225頃-74年） 30, 32, 111, 185
ドラウパディー（Draupadī） 35, 59, 61, 160-162, 164, 167-170, 174

ナ　行

ナーラーヤナ（Nārāyaṇa） 38, 64, 67, 68, 124, 157, 204
『ナーラーヤナ・ウパニシャッド（*Nārāyaṇa -upanishad*）』 38
ナンジヤル（Naṇjiyar）（1182頃

主要人名・神名・書名索引

・本文に登場する主な人名・神名・書名を掲げる。
・著者が不明の書名は、書名を人名・神名として配列した。

ア　行

アウグスティヌス（Augustinus）（354-430年） 54, 104, 117, 141, 155, 200
　『神国論（*De Civitate Dei*）』 117
アスラ（Asura） 122, 123
アダム（Adam） 136, 154, 170
『アディアートマ・ラーマーヤナ（*Adhyātma-rāmāyaṇa*）』 29
阿弥陀仏 16, 89, 229, 230
アルジュナ（Arjuna）（王子） 75, 76, 85, 135, 176, 234
アルベルトゥス・マグヌス（Albertus Magnus）（1200頃-80年） 30, 32
イエス・キリスト 22, 25, 54, 90, 92, 95, 99, 109, 116, 141, 142, 144, 148, 149, 157, 180-182
イザヤ 58, 177, 178, 181
イーシュヴァラ（Īśvara） 28, 29, 31, 38, 40, 51, 54, 58, 63, 65, 72, 74, 79, 80, 98, 100, 102-104, 113, 115, 130, 133, 136, 140, 142, 145, 146, 161, 168, 173, 200
ヴァースデーヴァ（Vāsudeva） 40, 66
ヴァラーハ（Varāha） 146
ヴィシュヌ（Viṣṇu） 15, 37, 38, 40, 42, 58, 61, 64, 65-69, 71, 75, 85, 105, 124, 157, 158, 176, 210, 214, 234
『ヴェーダーンタ・スートラ（*Vedānta-sūtra*）』 39
エックハルト（Eckhart, Johannes）（1260頃-1328年頃） 183, 209
オットー、ルードルフ（Otto, Rudolf） 3-5, 15, 32, 62, 153, 154, 175, 197, 198, 207, 208-216, 218, 220, 221, 223, 230-236
　『ヴィシュヌ・ナーラーヤナ（*Visnu-nārāyana*）』 32, 35, 59, 61, 62, 64-66, 79, 81, 84, 85, 93, 154, 160, 205, 208, 218, 221
　『聖なるもの（*Das Heilige*）』 60, 150, 153, 169, 173, 174, 176, 209, 211, 214, 218, 230
　『西洋と東洋の神秘主義（*West-Östliche Mystik*）』 24, 115,

KODANSHA

本書の原本『インドの神と人』は一九八八年に人文書院から刊行されました。

ルードルフ・オットー
1869-1937年。ドイツの神学者，宗教学者。主な著作に，本書（1930年）のほか，「ヌミノーゼ」を定義した『聖なるもの』（1917年），『西洋と東洋の神秘主義』（1926年）など。

立川武蔵（たちかわ　むさし）
1942年生まれ。国立民族学博物館名誉教授。

立川希代子（たちかわ　きよこ）
1943-2019年。椙山女学園大学名誉教授。

講談社学術文庫

定価はカバーに表示してあります。

インドの宗教《しゅうきょう》とキリスト教《きょう》

ルードルフ・オットー
立川《たちかわ》武蔵《むさし》・立川《たちかわ》希代子《きよこ》 訳
2024年11月12日　第1刷発行

発行者　篠木和久
発行所　株式会社講談社
東京都文京区音羽 2-12-21 〒112-8001
電話　編集（03）5395-3512
販売（03）5395-5817
業務（03）5395-3615
装　幀　蟹江征治
印　刷　株式会社広済堂ネクスト
製　本　株式会社国宝社
本文データ制作　講談社デジタル製作

ISBN978-4-06-537674-4

「講談社学術文庫」の刊行に当たって

これは、学術をポケットに入れることをモットーとして生まれた文庫である。学術は少年の心を養い、成年の心を満たす。その学術がポケットにはいる形で、万人のものになることは、生涯教育をうたう現代の理想である。

こうした考え方は、学術を巨大な城のように見る世間の常識に反するかもしれない。また、一部の人たちからは、学術の権威をおとすものと非難されるかもしれない。しかし、それはいずれも学術の新しい在り方を解しないものといわざるをえない。

学術は、まず魔術への挑戦から始まった。やがて、いわゆる常識をつぎつぎに改めていった。学術の権威は、幾百年、幾千年にわたる、苦しい戦いの成果である。こうしてきずきあげられた城が、一見して近づきがたいものにうつるのは、そのためである。しかし、学術の権威を、その形の上だけで判断してはならない。その生成のあとをかえりみれば、その根は常に人々の生活の中にあった。学術が大きな力たりうるのはそのためであって、生活をはなれた学術は、どこにもない。

開かれた社会といわれる現代にとって、これはまったく自明である。生活と学術との間に、もし距離があるとすれば、何をおいてもこれを埋めねばならない。もしこの距離が形の上の迷信からきているとすれば、その迷信をうち破らねばならぬ。

学術文庫は、内外の迷信を打破し、学術のために新しい天地をひらく意図をもって生まれた。文庫という小さい形と、学術という壮大な城とが、完全に両立するためには、なおいくらかの時を必要とするであろう。しかし、学術をポケットにした社会が、人間の生活にとってより豊かな社会であることは、たしかである。そうした社会の実現のために、文庫の世界に新しいジャンルを加えることができれば幸いである。

一九七六年六月　　　　野間省一

1568
無門関を読む
秋月《あきづき》龍珉《りょうみん》著

無の境地を伝える禅書の最高峰を口語で読む。公案四十八則に評唱、頌を配した『無門関』は『碧巌録』と双璧をなす名著。悟りへの手がかりとされながらも、難解で知られるこの書の神髄を、平易な語り口で説く。

1598
一日一禅
秋月龍珉著（解説・竹村牧男）

師の至言から無門関まで、魂の禅語三六六句。柳緑花紅、照顧脚下、大道無門。禅者が、自らの存在をその一句に賭けた禅語。幾百年、師から弟子に伝わった魂に食い入る禅語三六六句を選び、一日一句を解説する。

1600
空の思想史　原始仏教から日本近代へ
立川武蔵著

一切は空である。仏教の核心思想の二千年史。神も世界も私すらも実在しない。仏教の核心をなす空の思想は、絶対の否定の果てに、一切の聖なる甦りを目指す。印度・中国・日本で花開いた深い思惟を追う二千年。電P

1622
正法眼蔵随聞記
山崎正一全訳注

道元が弟子に説き聞かせた学道する者の心得。修行者のあるべき姿を示した道元の言葉を、高弟懐奘が克明に筆録した法語集。実生活に即したその言葉は平易で懇切丁寧である。道元の人と思想を知るための入門書。

1638
インド仏教の歴史　「覚り」と「空」
竹村牧男著

インド亜大陸に展開した知と静の教えを探究。菩提樹の下のブッダの正覚から巨大な「アジアの宗教」へ。悠久の大河のように長く広い流れを、寂静への「覚り」と一切の「空」というキータームのもとに展望する。

1642
世親
三枝充悳《さいぐさみつよし》著（あとがき・横山紘一）

唯識の大成者にして仏教理論の完成者の全貌。現代の認識論や精神分析を、はるか千六百年の昔に先取りした精緻な唯識学を大成した世親。仏教理論をあらゆる面で完成に導いた知の巨人の思想と全生涯に迫る。

《講談社学術文庫　既刊より》

仏教の古典

555

八宗綱要《はっしゅうこうよう》

凝然大徳《ぎょうねんだいとく》著／鎌田茂雄全訳注

仏教を真によく知るための本

仏教の教理の基本構造を簡潔に説き明かした名著。凝然大徳の『八宗綱要』は今日なお仏教概論として最高のものといわれている。その原文に忠実に全注釈を加えた本書は、まさに初学者必携の書といえる。

679

法句経《ほっくきょう》

友松圓諦著（解説・奈良康明）

法句経は、お経の中の「論語」に例えられる釈尊の人生訓をしるしたお経。宗教革新の意気に燃え、人間平等の人格主義を貫く青年釈尊のラジカルな思想を、四百二十三の詩句に謳いあげた真理の詞華集である。

944

道元禅師語録《どうげんぜんじごろく》

鏡島元隆《かがみしまげんりゅう》著

仏法の精髄を伝えて比類ない道元禅師の語録。道元の思想と信仰は、「正法眼蔵」と双璧をなす「永平広録」に最も鮮明かつ凝縮した形で伝えられている。思慮を傾けた高度な道元の言葉を平易な現代語訳で解説。

980

典座教訓《てんぞきょうくん》・赴粥飯法《ふしゅくはんぽう》

道元著／中村璋八・石川力山・中村信幸全訳注

典座とは、禅の修行道場における食事を司る役をいい、赴粥飯法とは、僧堂に赴いて食事を頂く作法をいう。両者の基本にあるものこそ真実の仏道修行そのものと説く。食と仏法の平等一如を唱えた道元の食の基本。

1334

玄奘三蔵《げんじょうさんぞう》

慧立《えりゅう》・彦悰《げんそう》著／長澤和俊訳

西域・インド紀行

天竺の仏法を求めた名僧玄奘の不屈の生涯。七世紀、大唐の時代に中央アジアの砂漠や天に至る山巓を越えて聖地インドを目ざした求法の旅。更に経典翻訳の大事業に生涯をかけた玄奘三蔵の最も信頼すべき伝記。

1441

夢中問答集

夢窓国師《むそうこくし》著／川瀬一馬校注・現代語訳

仏教の本質と禅の在り方を平易に説く法話集。悟達明眼の夢窓が在俗の武家政治家、足利直義の問いに懇切丁寧に答える。大乗の慈悲、坐禅と学問などについて、欲心を捨てることの大切さと仏道の要諦を指し示す。

仏教の古典

1880
佐藤弘夫全訳注
日蓮「立正安国論」

社会の安穏実現をめざし、具体的な改善策を「勘文」として鎌倉幕府に提出された『立正安国論』。国家主義として結びついた問題の書を虚心坦懐に読み、「先ず国家を祈って須らく仏法を立つべし」の真意を探る。

電P

2062
宮坂宥勝訳注
密教経典　大日経・理趣経・大日経疏・理趣釈

大乗の教えをつきつめた先に現れる深秘の思想、宇宙の真理と人間存在の真実を追究する、その精髄とはなにか。詳細な語釈を添え現代語訳を施した密教の代表的経典をとおして、その教義と真髄を明らかにする。

電P

2241
大谷哲夫全訳注
道元「永平広録　真賛・自賛・偈頌《げじゅ》」

禅者は詩作者でもあった。道元の主著として『正法眼蔵』と並ぶ『永平広録』の掉尾を飾る最終巻。道元が漢詩に詠んださとりの深奥を簡明に解説し、禅の思想と世界を追体験する。『永平広録』訳注シリーズ完結。

電P

2289
荒牧典俊・本庄良文・榎本文雄訳
スッタニパータ［釈尊のことば］全現代語訳

かくしてひとり離れて修行し歩くがよい、あたかも一角の犀そっくりになって——。現代語で読む最古層の原始仏典。師の教えに導かれた弟子たちが簡素な生活の中で修行に励み、解脱への道を歩む姿がよみがえる。

電P

2443
大谷哲夫全訳注
道元「宝慶記《ほうきょうき》」

真の仏法を求めて入宋した道元禅師は、天童山でついに正師たる如浄に巡り会った。情熱をもって重ねられる問いを受けとめる師の喜び。正しい教えを得た弟子の感激。八百年の時空を超えて伝わる求道と感激の書！

電P

2549
梶山雄一・小林信彦・立川武蔵・御牧克己訳注（解説・馬場紀寿）
完訳　ブッダチャリタ

ゴータマ・ブッダの誕生から解脱、死と遺骨の分配まで——。二世紀のインド仏教文学最高傑作を、幻といわれた欠落後半部まで丁寧に回収。全二八章を揃え、可能な限り忠実に原典を再現した唯一の完全翻訳版！

電P